생활 속 행복한
친구 관계 맺는 법 깨우치기

친구 관계, 이것만은 알아 둬!

친구 관계,
이것만은 알아 둬!

초판 1쇄 발행 2016년 3월 20일
초판 7쇄 발행 2025년 7월 2일

지은이 박현숙
펴낸이 이지은
펴낸곳 팜파스
책임편집 박주혜
디자인 박진희
마케팅 김민경, 김서희

출판등록 2002년 12월 30일 제10-2536호
주소 서울시 마포구 어울마당로5길 18 팜파스빌딩 2층
대표전화 02-335-3681 **팩스** 02-335-3743
홈페이지 www.pampasbook.com | blog.naver.com/pampasbook
이메일 pampas@pampasbook.com

값 13,000원
ISBN 979-11-7026-077-6 (74190)
　　　979-11-7026-062-2 (세트)

ⓒ 2016, 박현숙

- 이 책의 일부 내용을 인용하거나 발췌하려면 반드시 저작권자의 동의를 얻어야 합니다.
- 잘못된 책은 바꿔 드립니다.

> 이 도서의 국립중앙도서관 출판예정도서목록(CIP)은 서지정보유통지원시스템 홈페이지(http://seoji.nl.go.kr)와 국가자료공동목록시스템(http://www.nl.go.kr/kolisnet)에서 이용하실 수 있습니다.(CIP제어번호: CIP2016005287)

아이의 인성을 키우는
생활예절 교실
05

생활 속 행복한
친구 관계 맺는 법 깨우치기

친구 관계, 이것만은 알아 둬!

박현숙 글
박연옥 그림

누군가는 꼭
알려주어야 할
아이의 인성, 가치관,
관계 의 기본

팜파스

친구는 참 소중하죠. 함께 공부하고 재미있게 놀기도 하니까요.

친구 없는 세상을 상상해 본 적이 있나요?

텅 빈 학교, 텅 빈 놀이터!

정말 심심하겠죠?

그런데 그렇게 소중한 친구와 가끔씩 다투게 되지요. 언제나 사이좋게 지낸다면 참 좋을 텐데 말이에요.

사소하게 말다툼을 할 때도 있고 너무 화가 나서 때리고 싸울 때도 있어요. 그러고 나면 한동안 말도 안하고 지내기도 해요. 다시는 놀지 않겠다고 결심도 하죠. 하지만 며칠 지나지 않아 슬슬 친구와 다시 놀고 싶어지지요.

그렇다면 왜 친하게 지내면서도 자꾸 다투게 되는 걸까요? 그 이유를 생각해 본 적이 있나요?

그건 바로 친구 사이에서 지켜야 할 예절을 지키지 않았기 때문이에요.

"친구끼리 무슨 예절이에요?"

이렇게 묻는 친구도 있을 거예요. 하지만 가깝고 친하게 지내는 친구라도 서로 지켜야 할 예절이 있답니다. 내 고집만 내세우지 말고 서로 마음 상하거나 화나지 않게 배려하고 양보하는 거예요.

그렇게 예절을 잘 지키면 친구와 다툴 일도 없을 거예요. 훨씬 사이좋게 지낼 수 있게 되는 거지요.

자, 그럼 오늘부터 친구 사이에 예절을 지키는 사람이 되어 신 나고 재미있게 놀아볼까요?

박현숙

09 친구를 심하게 놀리지 말아요 _57

10 핑계대거나 거짓말을 하지 말아요 _63

11 친구와의 약속을 꼭 지켜야 해요 _69

12 친구를 무조건 이르는 건 좋지 않아요 _75

13 맛있는 건 친구와 나눠먹어요 _81

14 내 말만 하지 말고 친구 말도 들어줘요 _87

15 친구와 놀 때 질서를 지키고 양보도 해요 _93

16 친구에게 고마움을 표현할 줄 알아야 해요 _99

01 고집을 부리거나 우기지 말아요

상식이는 영재가 별로예요. 영재는 뭐든 자기 마음대로 하려고 하거든요.

모둠별 그림을 그릴 때 상식이는 파란색 물감을 쓰고 싶은데 영재는 꼭 초록색을 쓰자고 고집을 부려요. 자기는 초록색이 좋으니 무조건 초록색으로 해야 한다면서요. 자신의 말을 들어주지 않으면 울기부터 해요.

상식이는 영재가 자기 고집만 부리지 말고 다른 친구들 이야기도 들어주었으면 좋겠어요. 그럼 훨씬 더 사이좋게 지낼 수 있을 것 같은데 말이에요.

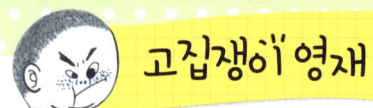 고집쟁이 영재

상식이는 오늘 기분이 좋지 않아요. 고집쟁이 영재랑 같이 축구를 해야 하거든요. 영재는 자기가 하고 싶은 대로만 하려고 해서 다른 친구들도 별로 좋아하지 않아요.

고집쟁이랑은 안 놀아!

영재는 끝까지 그 자리에서 꼼짝도 하지 않았어요.

축구를 하는데 영재가 골키퍼가 되었거든요. 그런데 자신은 골키퍼를 하지 않고 공격수가 되겠다고 계속 고집을 부리는 중이에요. 다들 골키퍼를 돌아가면서 하는데 말이에요. 고집쟁이 영재가 말을 듣지 않자 일단 아이들은 축구를 시작했어요.

"자, 공격하자!"

상대팀이 공을 몰고 골대를 향해 돌진했어요. 그런데도 영재는 골대 옆 귀퉁이에 서서 공이 오든 말든 상관도 하지 않았어요.

"와, 골인이다, 골인!"

결국 공이 골대로 쑥하고 들어갔어요. 상대편 아이들이 펄쩍펄쩍 뛰며 좋아했어요.

"또 골인이다, 골인!"

그리고 나서도 골키퍼가 지키지 않으니까 자꾸자꾸 골인이 되었어요.

"영재 너 정말 왜 그래?"

상식이는 영재가 정말 답답했어요. 다른 아이들도 영재를 째려보며 한 소리씩 했어요. 하지만 영재는 끝까지 고집을 꺾지 않았어요.

후반전에 할 수 없이 상식이가 영재 대신 골키퍼가 되었지요. 그제야 영재는 배시시 웃었어요.

하지만 어느 누구도 영재에게 공을 주지 않았어요. 모두 고집쟁이 영재가 싫은 눈치였어요.

고집쟁이 친구가 되지 않는 법을 알아둬!

사람은 누구나 자기마음대로 하고 싶어 해. 모두가 다 내가 하자는 대로 해 주면 좋겠다는 마음도 들고 말이야. 그래서 다른 친구가 내 뜻대로 해 주지 않으면 화가 나기도 한단다. 내 말을 들어줄 때까지 우기기도 하지.

하지만 사람은 혼자 살아갈 수 없는 거야. 여러 사람이 어울려서 살아가지. 지금은 가족과 친구들 정도이지만 어른이 될수록 점점 더 많은 사람들과 함께 살아가게 된단다. 이렇게 여러 사람들과 함께 어울려 살면서 무조건 자기가 하고 싶은 대로 다 할 수는 없어. 사람은 각자 생각이 다르거든. 생긴 것이 모두 다른 것처럼 말이야. 그래서 다른 사람의 생각이 내 생각과 다르더라도 양보해야 하는 일도 있어.

그런데 내가 하고 싶은 대로 마구 고집을 피우면 다들 날 싫어할 거야.

만약 자기 뜻대로 되지 않는다고 다른 친구들과 약속한 것을 못하겠다고 하면 어떻게 될까? 끝까지 자기 생각대로 하자고 박박 우긴다면 말이야.

꼭 해야 할 일을 하지 못하게 될 수도 있어. 그럼 친구들은 고집부리고 우기는 나를 절대 좋아하지 않아.

친구들과 함께 어떤 일을 할 때는 다른 친구들의 말을 잘 들어보고 내 생각과 같은 점, 다른 점은 뭔지 생각해 보렴. 그런 다음 내 생각을 말하고 친구가 내 생각을 어떻게 생각하는지도 들어보는 거야. 그러면 친구도 내 생각을 이해하고 사이좋게 함께 할 수 있을 거야.

고집쟁이만 사는 나라

'고집 나라'에는 고집쟁이인 사람들이 모여 살아요. 그래서 항상 시끄럽게 싸우고 따로따로 놀고 있지요. '고집 나라'의 모습은 어떤지 살펴볼까요?

서로 좋은 것만 하려고 **매일 싸워요.**

내가 좋은 거 가질 거야!

다른 사람 말을 **듣지 않아요.**

심심해져요.

서로 어울리지 못하고 **따로 살아요.**

'고집 나라'에 새로운 왕이 찾아왔어요!
새로운 왕은 '고집 나라'에 평화가 찾아오게 하고 싶어요.
왕이 어떻게 해야 '고집 나라'의 고집불통인 사람들이
사이 좋게 지낼 수 있을지 생각해 보세요!

나도 이제 잘 알아요!

01. 같이 햄버거를 먹으러 가자고 일주일 전부터 약속한 친구가 갑자기 햄버거 말고 핫도그를 먹자고 고집을 부려요. 그러지 않으면 그냥 집에 가겠다고 해요. 친구에게 어떻게 말해줘야 할까요?

....

....

....

....

02. 평소에 나는 고집이 센 편인가요? 고집을 많이 부렸던 적이 있다면 왜 그랬는지, 어떤 생각이 들었는지도 써 보세요.

....

....

....

서로 다른 것을 이해해요 02

상식이 반에 새로운 친구가 전학을 왔어요.

이름은 필립인데 엄마가 필리핀 사람이고 아빠는 한국 사람이래요. 필립은 엄마를 꼭 빼닮았는지 한국 사람들의 얼굴 모습과는 조금 달랐어요.

그런데 아이들은 필립과 별로 친해지고 싶어 하지 않는 눈치였어요.

필립이 발음이 약간 이상하게 말을 하면 아이들은 와, 하고 웃었어요. 그러자 필립은 점점 말을 하기 싫어했어요.

그런 필립과 아이들을 지켜본 선생님은 반 아이들에게 이 세상에는 수많은 나라가 있고 각 나라 사람들마다 모두 생김새가 조금씩 다른 것뿐이라고 했어요. '다르다'는 것은 '틀린' 것이 아니래요.

새로운 친구가 전학을 왔어요

상식이네 반에 전학 온 필립은 다른 아이들과 약간 다르게 생겼어요. 그런 필립을 아이들은 자꾸만 놀려요. 필립은 점점 말을 하지 않고 자리에만 앉아있는 날이 많아졌어요.

다른 거지 틀린 것이 아니야

"필립은 입술이 두꺼워. 피부도 까매."

점심시간에 밥을 먹는데 누군가 뒤에서 말했어요. 밥을 먹고 있던 필립은 그 말을 듣고 얼굴이 새빨개졌어요.

"한국말도 못해. 바보 같아."

또 누군가 말했어요. 그러자 필립은 숟가락질을 멈추고 손등으로 눈가를 훔쳤어요.

"모두들 잠깐!"

그때 앞에 서 있던 선생님이 무서운 표정으로 말했어요. 선생님의 무서운 목소리에 모두들 밥 먹던 손을 멈추고 선생님을 바라봤어요.

"선생님이 들었나 봐."

"뭐 어때, 우리가 거짓말한 것도 아닌데."

뒤에서 속닥거리는 소리가 들렸어요. 선생님은 아이들을 둘러보시며 말했어요.

"지구에는 수많은 나라가 있단다. 나라마다 말도 다르고 생김새도 조금씩 다르지. 머리카락 색깔이 노란 사람들도 있고 눈동자가 파란 사람들도 있어. 얼굴이 하얀 사람, 까만 사람, 노란 사람, 여러 인종이 살고 있어. 나라마다 쓰는 말도 달라. 그런데 피부 색깔이 우리랑 조금 다르다고, 우리말이 어색하다고 해서 그 사람이 이상한 것은 아니야. 바보도 아니야. 다를 뿐이야, 알았니?"

선생님은 천천히 말했어요. 그러자 교실 안은 금세 조용해졌어요. 뒤에서 속닥거리던 아이들이 미안하고 당황한 표정으로 필립을 힐끔 바라보았어요. 필립은 고개를 푹 숙이고 있었고요.

다문화를 인정하는 친구가 되는 법을 알아 둬!

세상에는 정말 많은 나라가 있고 수많은 사람들이 각 나라에 모여 살아. 나라마다 사람들의 얼굴색과 눈, 코, 입의 생김새, 그리고 머리카락 색이 조금씩 다르단다. 생김새뿐만 아니라 쓰는 말도 여러 가지로 달라. 세상에는 수많은 언어가 있지. 우리 대한민국은 그 중에서 한글이라는 글자를 쓰고 한국어로 말하며 살고 있어. 또 나라마다 전해 내려온 풍습도 다르고 먹는 음식도 다르단다.

이러한 것들은 각 나라마다 오랫동안 이어져 내려온 것들이야. 그런데 우리와 다르다고 해서 그것이 잘못된 걸까? 틀렸다고 말할 수 있을까?

아니란다. 다르다는 것은 잘못된 것도 아니고 틀린 것도 아니거든.

요즘 우리나라에는 외국 사람이 많이 늘어나고 있어. 외국 사람과 결혼한 다문화 가정도 늘어나고 있지. 하지만 한국에 산다고 해서 외국 사람이 한국 사람처럼 변할 수는 없는 거야. 한국의 말과 풍습이 서투를 수도 있단다.

그것을 가지고 놀리거나 이상하다고 생각하면 안 돼. 우리는 서로 다르다는 것을 인정해야 해. 다른 것을 서로 이해하며 사이좋게 지내야 한다는 걸 꼭 알아두렴!

세계 지도 살펴보기

여러분은 세계 지도를 자세히 살펴본 적이 있나요? 우와, 세계에는 정말 많은 나라가 있어요! 나라마다 다른 생김새를 가진 사람들이 살고 있고 또 다른 말과 글을 쓰면서 살고 있답니다. 여러분은 그중에서 지도에 표시된 나라들을 알고 있나요? 각 나라들은 어떤 말을 쓰고 있는지 한 번 알아보아요.

 **나도 이제 잘 알아요!**

01. 다문화 가정이란 무엇인지 알고 있나요? 혹시 여러분의 친구 중에도 다문화 가정의 친구가 있나요?

02. '다르다'는 말과 '틀리다'는 말은 각각 어떤 뜻일까요? 어떤 때 '다르다'는 말을 쓰고 어떤 때 '틀리다'는 말을 써야 하는 지도 생각해 보아요.

* '다르다'의 뜻:

* '틀리다'의 뜻:

* '다르다'라는 단어를 넣을 수 있는 문장을 만들어 보세요.

* '틀리다'라는 단어를 넣을 수 있는 문장을 만들어 보세요.

친구를 칭찬해요

상식이는 오늘 아침에 칭찬을 받았어요.

그것도 단 한 번도 상식이가 한 일을 잘했다고 말한 적 없는 영재한테 말이에요. 웬일로 영재는 상식이 글씨를 보더니 반듯하고 깨끗하다고 했어요.

상식이는 영재의 갑작스러운 칭찬에 당황했어요. 하지만 곧 상식이도 영재를 칭찬할 일은 없을까, 하고 생각했어요. 먼저 칭찬을 받으니 저절로 칭찬해 주고 싶어졌거든요. 매일 밉기만 하던 영재가 오늘은 아주 친한 친구처럼 느껴졌어요.

 **영재가 뭘 잘못 먹었나 봐요!**

고집쟁이에다가 매일 상식이에게 트집을 잡는 영재가 오늘 아침에 상식이의 노트를 뚫어져라 쳐다봤어요. 그러더니 갑자기 글씨를 잘 썼다고 칭찬을 하는 거예요! 상식이는 영재가 뭘 잘못 먹었나 싶어서 한참을 끔뻑끔뻑 쳐다봤어요.

칭찬은 마술인가 봐! 계속 나오네!

상식이는 눈을 몇 번이나 깜박거리며 영재를 바라봤어요.

오늘 영재는 다른 영재 같았어요. 매일 트집만 잡고 화만 내는 영재는 어디론가 싹 사라진 것처럼 보였어요. 세상에, 영재가 상식이 칭찬을 다 하다니요.

"정말이야? 정말 내 글씨가 예뻐?"

"정말이야."

영재는 거짓말을 하는 것 같지 않았어요. 상식이를 놀리려고 일부러 하는 말도 아닌 것 같았어요. 상식이는 웃음이 자꾸 나왔어요. 칭찬 받는 것은 기분 좋은 일이잖아요.

"영재 너는 그림을 잘 그리잖아."

상식이는 곧바로 영재 칭찬을 했어요. 억지로 하려고 하지 않아도 영재의 좋은 점이 보여서 칭찬이 술술 나왔어요.

"영재 네 덕분에 우리 모둠이 미술 점수는 항상 좋잖아."

상식이는 친구끼리 하는 칭찬이 부끄럽기도 했어요. 하지만 영재를 칭찬하자 기분이 좋아졌어요. 칭찬을 하는 것은 칭찬을 받는 것과 마찬가지로 기분 좋은 일인 것 같아요. 칭찬을 받아 역시 기분이 좋아진 영재는 집에서 가져온 요구르트 하나를 상식이에게 주었어요.

상식이는 처음으로 영재에게 고맙다는 말을 했어요. 칭찬 한 마디에 마음이 바뀐다는 것이 참 신기해요. 이렇게 서로 칭찬만 하면 영재와 싸울 일이 하나도 없을 것 같아요.

칭찬하는 친구가 되는 법을 알아둬!

이런 말 들어 봤니? '칭찬은 고래도 춤추게 한다.'

고래는 바다에 사는 덩치가 아주 큰 동물이야. 그렇게 큰 동물을 춤추게 하는 일은 쉽시 않겠지? 그런데 그런 고래도 칭찬을 들으면 기분이 좋아서 춤을 춘다는 말이야. 칭찬의 힘은 이렇게 대단하단다.

혹시 사이가 나쁜 친구들과 왜 사이가 좋지 않은지 생각해 본 적 있니? 잘 생각해 보면 아마 대부분 서로 싫어하는 말만 잔뜩 했을 거야. 칭찬하는 말 말고 말이야.

'너는 왜 그렇게 이런 것도 못해?'

'못할 줄 알았어.'

이런 말을 들으면 누구나 다 기분이 나빠져. 당연히 좋은 말은 나오지 않고 사이는 더 나빠지겠지.

친구가 조금 부족하고 못하더라도 이렇게 말해보면 어떨까?

'와, 너니까 그래도 이 정도 한 거야.'

'정말 대단하다!'

이런 말을 들으면 자신이 못했다는 생각에 자신감이 떨어졌던 친구가 힘을 얻게 될 거야. 그리고 정말 잘하려고 더 노력할 거야. 칭찬을 해 준 내게도 고마워하겠지?

기분이 나빠지는 말보다는 친구를 칭찬하는 말을 많이 하자. 그러면 나도 칭찬을 받게 될 거야. 칭찬은 할수록 점점 더 커져서 친구 사이를 행복하게 만든단다.

오늘은 소중한 친구와 노트에 서로의 칭찬을 잔뜩 쓸 거예요. 그래서 번갈아가면서 쓰는 칭찬 노트를 만들었어요. 칭찬 노트에 어떤 칭찬을 쓰면 될까요? 아래의 칭찬 노트 쓰는 법을 보고 여러분도 친구에게 칭찬하는 방법을 알아두고 직접 해 보세요!

나도 이제 잘 알아요!

01. 친구에게 칭찬을 받았던 적이 있나요? 무슨 일 때문에 어떤 칭찬을 받았었나요?

02. 지금 여러분의 짝꿍은 어떤 아이인가요? 짝꿍을 칭찬하는 말을 하나만 해 볼까요?

어려운 일을 겪는 친구를 도와주어요

04

상식이는 학교에 가는 길에 이상한 것을 보게 되었어요.

골목에서 상식이 반 친구인 세찬이가 6학년으로 보이는 형에게 괴롭힘을 당하고 있는 거예요. 세찬이는 아주 괴로워 보였어요.

상식이는 그 모습을 보면서 어떻게 해야 하나 망설였어요. 괜히 참견했다가 상식이도 6학년 형에게 맞으면 어떻게 해요. 그리고 참견을 할 만큼 상식이와 세찬이는 친한 사이도 아니에요.

하지만 그냥 보고 있자니 마음에 걸렸어요. 정말 어째야 하죠?

친구가 괴롭힘을 당하고 있어요

상식이는 지금 손과 다리가 덜덜 떨려서 어쩔 줄 모르고 있어요. 형들에게 괴롭힘을 당하고 있는 세찬이를 구해주고 싶긴 한데 어떻게 해야 할지 모르겠거든요. 어디에 신고라도 해야 할까요?

아이, 무서운데. 그냥 갈까?

친구라면 구해주어야지!

결국 한참을 고민하던 상식이는 빠르게 그 곳을 지나왔어요.

상식이의 가슴이 쿵쾅쿵쾅 세게 뛰었어요.

'참견하면 나까지 괴롭힘을 당할 거야.'

상식이는 벌렁거리는 가슴을 꼭꼭 누르고 집으로 달려갔어요.

그런데 자꾸 세찬이 얼굴이 떠올랐어요. 맞으면 아플 텐데, 괴롭힘을 당하면 정말 힘들 텐데, 이런 생각도 들고요.

"엄마. 어려운 일을 당하고 있는 아이를 보면 어떻게 해야 해?"

집에 도착한 상식이는 망설이고 망설이다 엄마에게 물었어요.

"무슨 어려운 일?"

엄마는 설거지를 하며 물었어요.

"아니, 그냥……."

엄마에게 사실대로 말하면 엄마는 '너나 잘해'라고 말할지 몰라요. 엄마는 상식이가 어디에 참견하려고 하면 그런 말을 하거든요.

하지만 아무래도 안 되겠어서 상식이는 밖으로 나왔어요. 그리고 슬금슬금 아까 그 곳으로 가 보았어요.

세상에! 아직도 세찬이와 6학년 형은 거기에 있었어요. 세찬이는 6학년 형에게 머리를 얻어맞고 있었어요.

상식이는 곧바로 학교를 향해 달려갔어요. 그리고 선생님에게 말했어요. 선생님은 다른 선생님과 함께 골목으로 가서 세찬이를 구했어요.

상식이는 몰래 그 모습을 지켜보면서 마음이 뿌듯했어요.

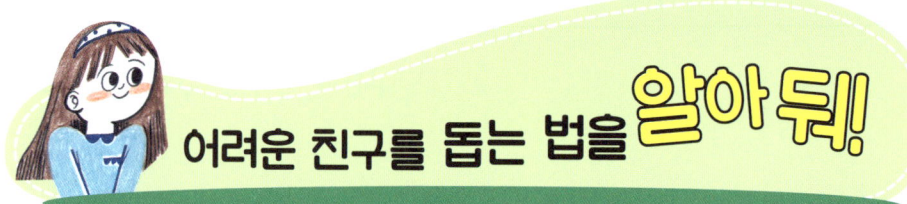

어려운 친구를 돕는 법을 알아 둬!

옛날에 어떤 부자가 살았어.

부자에게는 아들이 있었단다. 어느 날 부자는 아들에게 친구가 많으냐고 물었어. 진정한 친구는 어려울 때 도와주는 친구라고 하면서 말이야.

아들은 아주 아주 많다고 대답했지. 진심으로 자기를 좋아하는 친구들이라고 큰소리도 쳤어.

그 말이 진짜라는 걸 알려주기 위해 친구들을 한번 시험해 보기로 했단다. 부자의 아들은 무척 어려운 상황인 척하고 친구들을 찾아가 도와달라고 했어.

하지만 도와주는 친구는 단 한 명도 없었단다. 모두들 부자 아들이 돈을 잘 쓰니까 좋아했던 거야.

너희들은 친구란 무엇이라고 생각하니?

기쁘고 좋은 일이 있을 때 함께 좋아해 주는 일은 쉬워.

하지만 친구에게 어려운 일이 있을 때 도와주려고 애쓰는 것은 참 어렵단다. 어렵고 힘든 일이 있을 때 도와주는 사람이 진정한 친구라고 생각해.

내가 힘든 일이 있을 때 도와줄 친구가 필요하니? 슬픈 일이 있을 때 위로를 해 줄 친구가 필요하니?

그런 친구를 만들기 위해서는 내가 먼저 어려운 친구를 도와주어야 해. 그런 마음이 오고가면서 진정한 좋은 친구 사이가 되는 것이거든.

웃음이 넘치는 우리 교실

우리 교실은 언제나 웃음이 넘쳐요! 친구들끼리 어려울 때 서로서로 돕거든요. 우리 교실에는 싸우는 친구들도, 괴롭히는 친구들도, 놀리는 친구들도 없어요.

 **나도 이제 잘 알아요!**

01. 친구를 도와줘야 하는 일에는 무엇이 있을까요? 친구에게 어떤 일이 생겼을 때 어떻게 도와주면 좋을지 하나만 생각해서 써 보세요.

02. 여러분은 친구에게 어려운 일이 생기면 도와줄 건가요? 아니면 모른 척 할 건가요? 그렇게 생각하는 이유도 함께 써 보세요.

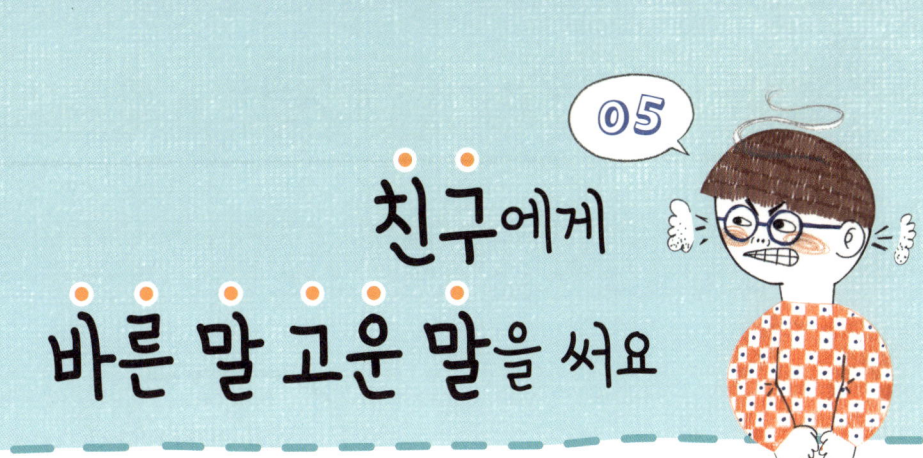

05 친구에게 바른 말 고운 말을 써요

선생님은 항상 모두들 바른 말 고운 말을 쓰라고 해요. 요즘 거친 말을 쓰는 친구들이 많다고요.

말을 거칠게 쓰면 행동도 거칠어지고 친구들 사이에 기분도 나빠진다고 했어요. 그러고 보니 나쁜 말을 자주 쓰는 친구랑은 놀고 싶지 않아져요. 인터넷에서 배워온 이상한 말들을 마구 쓰는 아이들이 있거든요.

선생님은 '말 한 마디에 천 냥 빚도 갚는다.'라는 속담도 말해주었어요. 정말 말이 참 중요한가 봐요.

기분 나쁜 말을 쓰는 친구는 싫어요

상식이네 반에 이상하고 기분 나쁜 말을 쓰는 친구들이 늘어나고 있어요. 한 명이 쓰기 시작하니까 모두들 어느새 그런 말을 쓰고 있지 뭐예요. 상식이는 친구들이 그런 말을 그만 썼으면 좋겠어요.

나쁜 말을 쓰면 얼굴도 못생겨져!

"으휴!"

상식이는 화가 나서 견딜 수가 없었어요.

아까 소희가 상식이에게 이상한 말을 했거든요. 욕 같기도 하고 들으면 기분이 나빠지는 말이었어요. 상식이는 중학생이나 고등학생들이 길거리에서 장난치며 이런 말을 쓰는 것을 들은 적이 있어요.

사실 상식이는 소희를 조금 좋아하고 있었어요. 소희는 명랑하고 반에 힘든 일이 생기면 앞장서서 도와주곤 하거든요. 어떤 때는 나중에 크면 소희 같은 아이와 결혼하고 싶다는 생각도 했어요.

그런데 소희가 이상한 말을 하는 순간 그 마음이 싹 사라졌어요.

"화났니? 너는 뭐 그런 거 갖고 화를 내? 속 좁게."

사과는커녕 소희는 이렇게 말했어요.

아니 참, 자기가 먼저 욕 같은 말을 해 놓고 그렇게 말을 하다니요.

"요즘 이런 말이 유행이야."

소희는 한 마디 더 했어요.

상식이는 그런 유행은 따라하지 않았으면 좋겠다는 생각이 들었어요.

"나는 네가 예쁜 말을 썼으면 좋겠어."

상식이는 소희를 바라보며 진지한 얼굴로 말했어요.

"전에 예쁜 말을 쓸 때는 네가 예뻐 보였는데 지금은 아니야."

상식이는 심각한 표정을 지었어요. 이 말은 진심이에요. 거친 말을 쓰는 소희는 정말 미워보였거든요.

그러자 소희 얼굴이 빨개졌어요.

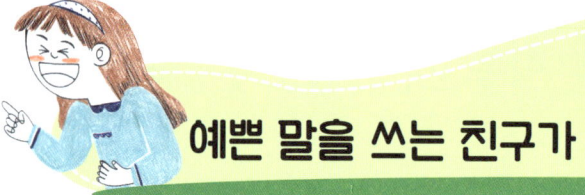

예쁜 말을 쓰는 친구가 되는 법을 알아 둬!

요즘 채팅 언어를 쓰는 아이들이 많지? 스마트폰 메신저로 계속 주고받다보니 더욱 그래. 진짜 대화에서도 메신저에서 쓰는 말처럼 길게 말할 걸 짧게 줄여서 말하기도 해. 욕도 쉽게 쓰고 말이야.

어떤 아이는 그런 말이 유행이라서 따라한다고 해. 또 어떤 아이는 재미있어서 한다고도 해.

그런데 생각 없이 하는 그런 말들이 다른 사람에게 상처를 주기도 한단다. 말하는 사람은 재미있을지 몰라도 듣는 사람은 기분이 나빠. 거친 말을 하면 그걸 좋아하는 사람은 아무도 없어. 좋아하기는커녕 그 사람을 피하게 돼.

말은 그 말을 하는 사람의 얼굴이란다.

아무리 예쁘고 공부를 잘하는 아이라도 말을 거칠게 하면 안 좋게 보여. 친하게 지내고 싶은 생각도 없어지고 말이야.

반대로 공부도 별로고 생긴 것도 예쁘지 않지만 항상 바른 말 고운 말, 예쁜 말을 쓰는 아이는 착하고 멋있어 보인단다. 그런 아이는 누구나 좋아해서 친구가 되고 싶어 해.

그리고 정말 평소에 하는 말과 비슷하게 얼굴의 분위기가 달라지기도 한단다. 행동도 말하는 것과 비슷해지고 말이야.

친구들에게 인기 있는 아이가 되고 싶다면 비속어나 욕 대신에 예쁜 말을 쓰는 친구가 되자!

말할 때마다 바뀌는 내 얼굴!

내 얼굴은 내가 하는 말을 닮아간대요! 나쁜 말을 할 때와 예쁜 말을 할 때의 모습을 사진으로 찍어둔 걸 보니 진짜 맞는 것 같아요. 요즘 여러분의 얼굴은 어떤 표정과 닮아있나요?

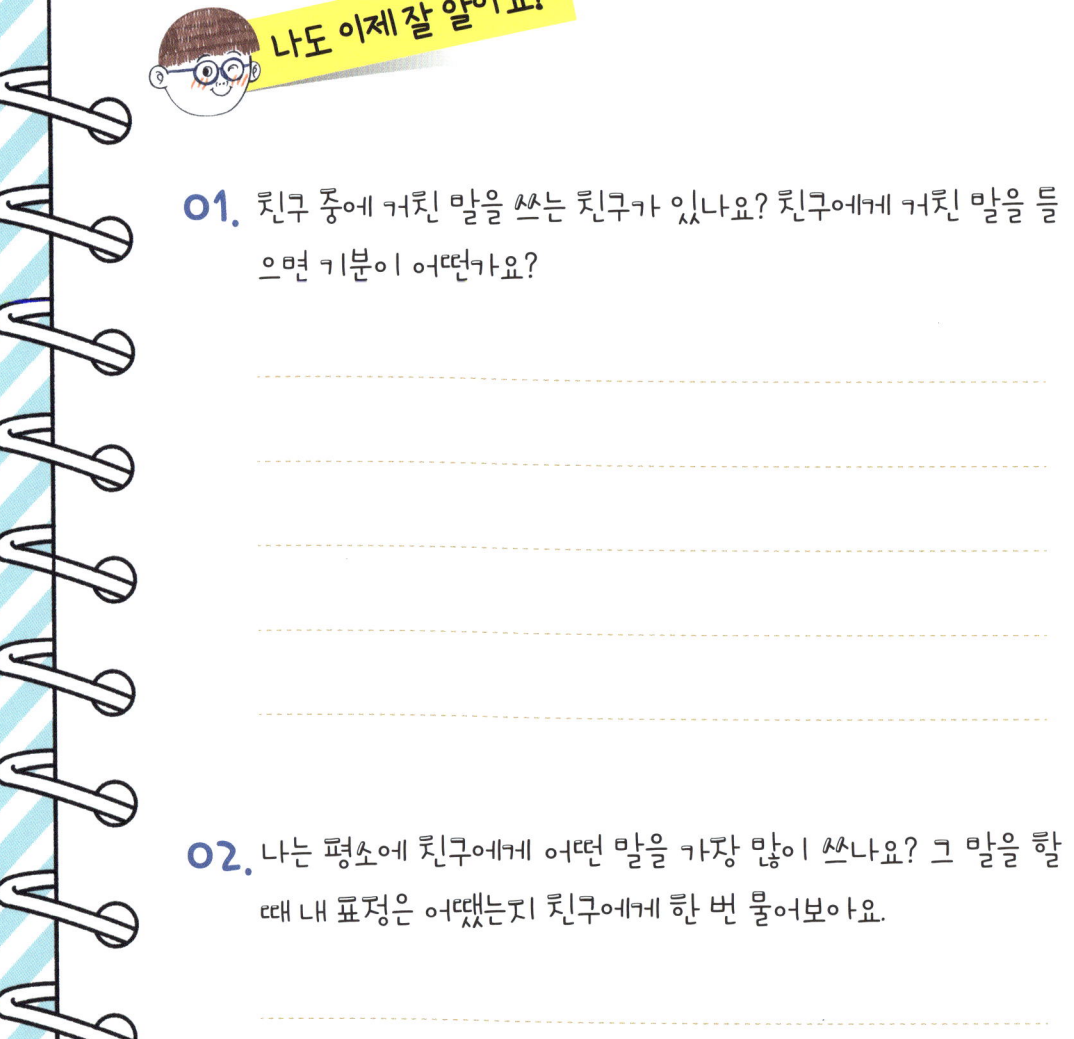

나도 이제 잘 알아요!

01. 친구 중에 거친 말을 쓰는 친구가 있나요? 친구에게 거친 말을 들으면 기분이 어떤가요?

02. 나는 평소에 친구에게 어떤 말을 가장 많이 쓰나요? 그 말을 할 때 내 표정은 어땠는지 친구에게 한 번 물어보아요.

항상 밝은 얼굴을 해요

상식이는 오늘부터 새로운 공부방에 갔어요.

모두들 처음 보는 아이들이었어요. 상식이는 낯설기도 하고 부끄럽기도 했어요.

그런데 그 중에 한 아이가 상식이에게 씨익 웃어 보였어요. 아무 말도 하지 않았지만 상식이는 그 아이가 친하게 느껴졌어요.

한결 가벼운 마음으로 집에 돌아와 엄마에게 그 이야기를 했어요. 그랬더니 엄마는 상식이에게 웃는 얼굴은 상대방의 기분을 좋게 만드는 힘을 가졌다고 하셨어요.

웃지 않으면 화나 보여요

상식이는 오늘도 영재의 눈치를 살살 보아요. 영재는 자주 화난 표정이나 딱딱한 표정을 짓고 있거든요. 그런 영재 옆에 있으니 상식이까지 기분이 안 좋아지는 느낌이에요.

화난 것도 아닌데 왜 찡그리는 걸까?

"이거 내가 그런 거 아니야."
상식이는 영재의 눈치를 살살 보며 책상 위에 흩어진 책과 필통을 바로 놓았어요.
"누가 뭐래?"
영재는 시큰둥하게 말했어요.
"네 책이랑 필통이 흩어져서 화내는 거 아니야?"
상식이는 고개를 갸웃거리며 물었어요. 영재가 그래서 꼭 화난 얼굴을 하고 앉아있는 줄 알았거든요.
"아니야."
영재는 여전히 쏘아붙이듯 말했어요.
상식이는 영재가 왜 화난 표정으로 저러는지 알 수 없었어요. 그래서 손을 번쩍 들고 일어났어요.
"선생님. 영재랑 짝꿍하기 싫어요. 짝꿍 바꿔주세요."
상식이의 말에 선생님은 깜짝 놀라며 왜 그러느냐고 물었어요.
"영재가 계속 화난 얼굴을 하고 있어요. 꼭 제가 잘못한 거 같은 마음이 들어서 같이 앉기 싫어요."
상식이는 생글생글 잘 웃는 친구와 짝꿍이 되고 싶었어요.
"선생님. 저는 화난 거 아니에요."
그러자 영재가 억울하다는 듯 말했어요.
"영재야, 화가 난 것이 아니라면 웃는 얼굴을 하는 건 어떻겠니? 웃는 얼굴은 모두의 기분을 좋게 만들거든. 자, 상식이와 영재, 그리고 우리 반 모두 웃어볼까? 스마일!"
선생님이 활짝 웃으며 말했어요. 아이들이 모두 스마일! 하고 따라했어요.
한 번 웃었을 뿐인데 기분이 좋아졌어요.

밝게 웃는 친구가 되는 법을 알아둬!

사람의 마음은 다른 사람에게 옮겨간다는 말을 들어본 적 있니?

기분이 아주 나쁠 때나 슬플 때도 웃고 있는 사람을 보면 나도 모르게 기분이 나아지거든. 그리고 따라서 웃고 싶어지기도 한단다.

그래서 아픈 사람을 웃음으로 낫도록 도와주는 '웃음치료'라는 것도 있어. 그만큼 웃는 것은 좋은 거야. 낯선 곳에 가서도 처음 만난 사람이 웃는 얼굴을 하고 있으면 왠지 마음이 놓이기도 해.

반대로 울고 있거나 화난 사람을 보면 내 기분까지 그렇게 변해. 잔뜩 굳어진 얼굴로 퉁명스럽게 대하면 나도 불편해지고 말이야.

친구를 사귈 때도 마찬가지야.

매일 화내고 짜증내는 친구를 보면 나도 짜증이 나. 괜히 같이 화를 내고 싶기도 해.

생글생글 잘 웃는 친구를 보면 나도 잘 웃는 아이가 된단다. 화나는 일이 있어도 웃으면 나빴던 기분이 확 사라져. 마찬가지로 나도 항상 밝게 웃고 다니면 다른 친구들과도 쉽게 친해지고 싸울 일이 사라지지.

여러분이라면 어떤 친구를 사귀고 싶니? 당연히 웃는 얼굴로 친구를 대하는 그런 아이를 사귀고 싶겠지? 자, 지금부터 웃는 얼굴로 친구들을 대하자. 그럼 다들 나와 친구가 되고 싶어할 거야.

스마일 맨과 함께 하는 속담 시간

가는 곳마다 웃음을 전달하고 다니는 스마일 맨! 오늘은 스마일 맨이 여러분에게 웃음의 좋은 점을 알려주는 속담과 좋은 말들을 알려준대요. 하나씩 읽어보면서 매일매일 밝게 웃어봐요!

★ **웃으면 복이 와요.**
　웃으면 항상 기분이 좋아지죠. 그래서 그런지 웃는 집에는 좋은 일만 생긴다고 해요.
　행복한 일도 끊임없이 생기고요. 이 속담은 그런 뜻에서 생겼어요.

★ **웃는 얼굴에 침 못 뱉는다.**
　아무리 큰 잘못을 해도 진심으로 사과하고 웃는 얼굴로 대하면
　더 이상 화를 못 낸다는 뜻이에요. 똑같은 잘못을 했어도 뚱하니 있는 것보다는
　용서를 구하고 난 다음 생글생글 웃는 얼굴로 대한다면 참 좋겠지요?

★ **웃음은 돈이 들지 않지만 기적을 만들어 내요.**
　웃으면 스트레스가 다 날아간대요.
　게다가 웃으면 무서운 병도 치료할 수 있다고 해요.
　돈도 들지 않으니 정말 기적 같은 일이지요?

★ **집안의 웃음은 가장 큰 태양이에요.**
　가족이 항상 웃으면 그 집안은 따뜻하고 행복해요.
　항상 가족끼리 마주보고 웃으면 그 웃음이 집안을 따뜻하고
　환하게 밝혀준다는 뜻이에요.

나도 이제 잘 알아요!

01. 처음 다니게 된 학원에 갔을 때 웃는 얼굴로 맞아준 친구가 있었나요? 그때 느꼈던 여러분의 기분과 마음을 말해보세요.

02. 나는 친구들 앞에서 하루에 몇 번이나 웃나요? 여러분은 친구들 사이에서 잘 웃는 친구로 통하나요?

07 친구 흉을 보지 말아요

상식이는 나쁜 습관이 하나 있어요. 바로 흉보기예요.

아빠한테 엄마 흉을 보고 엄마에게는 아빠 흉을 보다가 된통 야단맞은 적도 있어요. 한번씩 엄마와 아빠가 다투시길래 상식이가 대신 서로 흉을 봐 준거였는데 글쎄, 엄마와 아빠는 같은 편이지 뭐예요.

학교에서도 친구 흉을 보다가 다툰 적도 있어요. 엄마는 남의 흉을 보는 것은 아주 나쁜 행동이라고 했어요. 흉을 보는 사람을 좋아하는 사람은 없대요.

 ## 상식이는 흉보기 대장!

상식이는 학교에 가면 바빠요. 아이들의 행동을 잘 봐두었다가 재미있거나 놀릴만한 게 있으면 여기저기 쫓아다니면서 흉을 봐야하거든요. 그러다가 아이들끼리 싸움이 나면 구경하는 재미도 쏠쏠해요.

흉 보는 건 이제 그만!

"내가 뭐 거짓말 한 거야? 너 매일 콧구멍 쑤시잖아. 그리고 그 손으로 밥도 먹잖아."

상식이는 턱을 치켜들고 말했어요.

"내가 언제 매일 콧구멍을 쑤셨어? 감기 걸려서 코가 가려웠을 때 그랬던 거야. 그리고 그때도 손 씻고 밥 먹었거든."

동진이는 울먹였어요. 상식이가 동진이 흉을 보는 바람에 동진이는 '더러운 아이'가 되었어요.

"상식이 너 나빠."

그 때 소희가 나섰어요.

"너는 왜 매일 친구들 흉을 봐? 너는 뭐 다 잘하는 줄 알아?"

소희는 눈을 갸름하니 뜨고 따지고 들었어요.

"내가 뭐?"

"상식이 너, 아침에 양치질 잘 안 하고 오지? 고춧가루하고 음식 찌꺼기가 이에 끼어 있을 때도 많아."

상식이는 소희의 말에 얼굴이 화끈 달아올랐어요.

"그리고 화장실에 다녀올 때도 한 번도 손 안 씻지?"

상식이는 점점 더러운 아이가 되어가고 있었어요. 상식이는 눈물이 왈칵 쏟아졌어요. 소희가 더 흉을 보지 못하게 입에 지퍼라도 채워주고 싶었어요.

"그것 봐. 누가 네 흉을 보면 너는 기분이 좋으니?"

소희는 눈을 흘기며 말했어요.

47

흉 보지 않는 친구가 되는 법을 알아 둬!

이 세상에 뭐든 다 잘하는 사람은 없어. 어느 부분은 부족하기도 하고 모자라기도 해. 사람은 서로서로 모자란 부분을 도와주며 살아가는 거야. 친구 사이에도 서로 도와주며 사이좋게 지내면 얼마나 좋겠니?

그런데 다른 사람이 조금 잘못하거나 실수를 했을 때 그걸 그냥 넘어가지 않는 사람이 있어. 이곳저곳 다니면서 그 사람의 실수나 잘못을 말해서 퍼뜨리고 말이야.

그걸 흉을 본다고 해. 흉이란 좋지 않은 점이라는 뜻이야.

남의 흉을 보는 것은 다른 행동과 마찬가지로 습관이 된단다. 한번 습관이 되면 고치기 힘들어. 누구라도 만나기만 하면 우선 다른 사람 흉부터 보게 되지.

남의 흉을 보기 좋아하는 사람과 친하게 지내려는 사람은 없어. 왜냐하면 다른 곳에 가면 나의 흉도 보겠지, 하고 생각하기 때문이야. 그래서 자꾸 그 사람을 피하거나 이야기를 나누려고 하지 않게 된단다. 결국 흉을 보기 좋아하는 사람에게는 진정한 친구가 생기지 않는 거지.

그러니까 누군가에게 다른 친구의 이야기를 할 때는 흉을 보지 말고 칭찬을 하도록 하자. 그러다 보면 친구의 나쁜 점보다 좋은 점을 먼저 보는 좋은 습관이 생기거든. 그럼 저절로 친구들과 사이가 좋아지고 진짜 친한 친구들이 많이 생기게 될 거야!

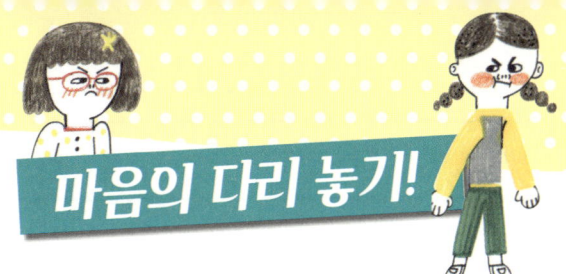

마음의 다리 놓기!

친구와 나 사이에는 마음의 다리가 있대요. 서로 친구에게 어떤 행동을 하느냐에 따라 날카롭고 뾰족한 다리가 놓일지, 예쁜 다리가 놓일지 정해진대요. 내가 친구에게 흉을 보거나 친구에게 칭찬을 할 때 각각 어떤 다리가 생겨서 친구 사이가 좋아질지 나빠질지 생각해 보아요.

내가 친구 흉을 보면

★ 친구도 내 흉을 봐요.
★ 친구와 사이가 나빠져요.
★ 매일 무슨 흉을 더 볼까 고민을 해요.
★ 기분이 나빠요.

내가 친구 칭찬을 하면

★ 친구도 내 칭찬을 해요.
★ 친구와 사이가 점점 좋아져요.
★ 매일 친구 칭찬을 해 줘요.
★ 기분이 좋아요.

나도 이제 잘 알아요!

01. 친구가 자꾸 내 흉을 보고 다녀요. 방귀쟁이라고요. 그런 말을 들었을 때 내 기분은 어떨까요?

02. 혹시 나는 습관처럼 친구의 흉을 본 적이 있나요? 만약 그런 적이 있다면 나는 왜 그런 행동을 했나요?

친구를 따돌리면 안 돼요

상식이 반에서 이상한 놀이가 시작되었어요. 바로 투명인간 놀이에요.

아이들 몇 명이 마음을 합쳐 한 친구를 따돌리는 놀이인데 고은이가 제일 먼저 시작했어요. 투명인간 놀이는 따돌리겠다고 마음먹은 친구를 투명인간처럼 못 본 척하는 거예요.

아이들은 서로 투명인간이 되지 않으려고 눈치를 보기 시작했어요. 서로 웃으면서 사이좋게 지내던 반 분위기가 점점 이상하게 변해갔어요.

 ## 투명인간이 되기 싫어요!

상식이는 아침에 반에 들어갈 때마다 가슴이 두근두근거려요. 상식이가 투명인간이 될까봐 자꾸 다른 아이들 눈치를 보게 돼요. 투명인간이 되는 건 정말 싫어요. 외롭고 슬프거든요.

따돌림 당하는 건 정말 무서워!

고은이는 가람이가 싫다고 했어요. 싫은 이유는 별거 아니었어요. 가람이가 노란색 옷을 자주 입고 와서 싫대요.

세상에! 노란색 옷을 자주 입으면 왜 싫은 건가요? 상식이는 고은이가 이해가 되지 않았어요.

그런데다가 고은이는 혼자 가람이를 싫어하는 게 심심한지 친구 귀에 속닥속닥하며 자기와 함께 따돌리자고 말했어요. 고은이는 그러면서 친구들에게 예쁜 스티커도 나눠주고 맛있는 간식도 싸다 주었어요.

그러자 아이들이 점점 고은이 편이 되어서 고은이의 말을 듣기 시작했지요. 가람이는 결국 여자아이들 사이에서 왕따가 되었어요.

요즘 제일 인기 있는 '크크공주' 스티커도 가람이만 없어요. 고은이가 가져온 닭강정을 나눠먹을 때도 가람이에게만 주지 않았어요.

거기에다 가람이 편을 들려는 아이가 있으면 고은이는 그 아이도 따돌리려고 했어요. 그래서 여자아이들은 서로서로 눈치를 봤어요. 자신도 가람이처럼 따돌림 당하고 싶지 않으니까요.

상식이는 가람이가 너무 불쌍했어요. 가람이는 매일 혼자서 고개를 숙이고 다녀요. 상식이는 여자아이들이 가람이와도 함께 놀았으면 좋겠어요. 그러면 모두가 정말 즐거운 반이 될 수 있을 텐데요.

따돌림 시키지 않는 친구가 되는 법을 알아 둬!

우리는 친구를 때리는 사람을 참 나쁜 사람이라고 해. 친구를 괴롭히는 사람도 나쁘다고 하지. 맞으면 얼마나 아프겠니? 괴롭힘을 당하면 학교에도 오기 싫을 거야.

그런데 때리거나 괴롭히는 것만큼이나 나쁜 행동이 있단다. 바로 친구를 따돌리는 거야. 친구가 자기 마음에 들지 않는다고 함께 놀지 않는 아이들이 있어. 그런데 자기 혼자만 그러는 것이 아니라 다른 친구들에게도 그 아이랑 놀지 말라고 하지. 여러 명이 한 명을 왕따 시키는 거야.

왕따는 정말 별 것 아닌 것으로 시작되기도 해. 그 아이가 잘못한 일이 없는데도 자신의 마음에 들지 않으면 어떤 아이들은 이유 없이 따돌리거든.

왕따가 된 아이는 무엇을 해도 아이들의 놀림감이 되고 미움을 받아. 공부를 잘해도 미워하고 공부를 못해도 놀림을 받아. 결국 따돌림을 당하는 아이는 자기가 친구들에게 어떻게 행동해야 하는 건지 헷갈리게 되고 괴롭힘을 당하기 싫으니까 가만히 앉아 있곤 한단다. 다른 아이들과 제대로 놀지도 못하고 말이야.

그러면 학교가 재미있을 수가 없겠지? 친구들이 좋을 리가 없어. 모든 게 다 귀찮아지고 슬플 거야.

그저 자신의 마음에 조금 들지 않는다고 재미삼아 따돌림을 당했던 친구는 그렇게 아무 것도 하지 않는 아이가 되어가는 거야. 웃음도 다 잃고 말이야. 정말 슬픈 일이야. 마음에 큰 상처도 입게 된단다.

웃음을 잃은 우리 반

어느날부터 우리 반에는 웃음이 사라졌어요. 바로 따돌림 때문이에요. 따돌림을 시키면 신날 것 같지만 그렇지 않아요. 따돌림을 시키는 친구도, 따돌림을 당하는 친구도 웃을 수가 없대요. 지금 우리 반은 어떠한가요?

따돌림을 시키면

1. 불안해요.
2. 후회도 돼요.
3. 미안하기도 해요.
4. 마음이 불편해요.

따돌림을 당하면

1. 슬퍼요.
2. 우울해요.
3. 다 귀찮아요.
4. 화가 나요.

나도 이제 잘 알아요!

01. 다음과 같은 말을 들었을 때 어떻게 대답해야 할까요?

☞ 우리 저 아이랑 놀지 말자.
(   )

☞ 네 생일파티에 쟤는 뺐으면 좋겠어.
(   )

02. 아이들에게 따돌림을 당하는 친구의 기분은 어떨까요?

09 친구를 심하게 놀리지 말아요

요즘 아이들이 살살 상식이를 피하는 거 같아요.

상식이가 친구들을 놀리기 시작하면서부터예요. 솔직히 상식이가 거짓말을 한 것은 아니에요.

노래를 못하는 친구에게 음치라고 했고, 물감을 잘 못 칠하는 아이에게 그림도 못 그린다고 했어요. 공부를 못하는 아이에게 왜 그렇게 공부를 못하느냐고 말했고요.

사실을 사실대로 말했는데 뭐가 잘못인가요?

사실대로 말한 것뿐이라구요

상식이는 당황했어요. 수빈이가 만든 이상한 로봇을 보고 내 느낌을 말했을 뿐이고 영재는 돼지 코처럼 생겨서 돼지 코라고 말한 것뿐이에요. 그런데 다들 상식이의 말에 화를 내거나 울기까지 해요.

장난인데 뭘 그래?

"어떻게 초등학생이 이것도 못해? 에이, 바보처럼 만들기도 못해."

상식이는 수빈이가 만든 로봇을 보고 배를 잡고 웃었어요.

"너 진짜."

수빈이가 주먹을 들어 내보였어요.

"상식아. 자꾸 그러지 마. 뭐든 다 잘할 수는 없는 거야."

그때 옆에서 소희가 나섰어요. 상식이는 수빈이 편을 드는 소희를 보자 은근히 화가 났어요.

"소희 너는 그게 문제야! 남의 일에 참견하는 그 버릇. 에이, 이 참견쟁이야. 소희는 참견쟁이래요, 참견쟁이래요."

상식이는 손가락으로 소희를 똑바로 가리키며 놀렸어요. 그러자 소희 얼굴이 벌게졌어요.

"상식이 너, 요새 왜 아이들이 너랑 놀지 않으려고 하는 줄 알아?"

수빈이가 입을 불룩하니 내밀고 말했어요.

"네가 자꾸 친구들이 못하는 것을 가지고 놀리기 때문이야."

"내, 내, 내가 뭘 잘못했는데? 못하는 걸 못한다고 하는 게 뭐가 잘못이야?"

"상식이 너는 키가 작잖아. 달리기도 못 해. 축구할 때 너와 한편인 팀은 꼭 지잖아. 너 보고 다리 짧은 아이라고 놀리면 좋겠어?"

수빈이의 말에 상식이는 참을 수 없을 만큼 화가 났어요. 세상에, 다리 짧은 아이라니! 자존심 상하게 말이에요.

"그것 봐. 상식이 너도 그런 말 들으니까 화나지? 다른 친구들도 마찬가지야."

소희는 화가 나서 씩씩대는 상식이를 쨰려보며 말했어요. 옆에서 다른 아이들도 고개를 크게 끄덕였어요.

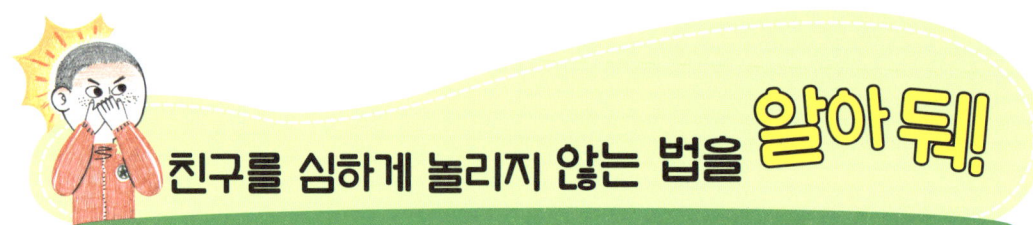

친구를 심하게 놀리지 않는 법을 알아둬!

주변에는 꼭 친구를 놀리는 사람이 있어. 친구가 화가 나서 울 때까지 심하게 놀리기도 해. 이 세상에 놀림을 받고 기분 좋은 사람은 아무도 없단다. 비록 어떤 친구는 한두 번 웃으며 받아줄 수도 있겠지. 하지만 속으로는 무척 기분이 나쁠 거야.

상식이처럼 친구가 진짜 못하는 걸 못한다고 놀리는 건데 뭐가 잘못이냐고?

친구가 못하는 게 있다면 놀리지 말고 이렇게 말하는 건 어떨까?

만약 성격이 급해서 그림을 못 그리는 친구가 있다면,

"너는 스케치를 정말 멋지게 잘해. 색칠을 급하게 하면 멋진 스케치를 망칠 수 있으니까 천천히 잘 칠해보는 게 어때?"

하고 말이야. 이렇게 말한다면 화를 낼 사람은 없을 거야. 놀림을 받았다고 생각하지도 않고 말이야. 좋은 점을 먼저 말해주고 예쁜 말로 말해주는 거지.

하지만 고칠 수 없는 친구의 단점까지 말하면 안 된단다. 외모나 부모님 등 원래부터 그 친구가 가지고 있는 것들 말이야. 놀리는 것은 당연히, 더욱 안 돼.

"너는 왜 이렇게 키가 작아? 다리도 짧아."

"너는 왜 그렇게 뚱뚱해. 뚱돼지야."

"니네 집 가난해? 왜 싼 옷만 입고 다녀?"

이런 말은 친구의 마음에 큰 상처를 남긴단다. 항상 친구의 입장이 되어서 생각해 보고 말하는 것을 잊지 마렴.

가시 돋친 말하기와 사랑 돋는 말하기

우리가 평소에 친구에게 하는 말들 중에는 친구의 마음에 상처를 주는 '가시 돋친 말'과 친구의 마음을 따뜻하게 만드는 '사랑 돋는 말'이 있어요. 둘 중에 어떤 말이 좋을까요? 나는 어떤 말을 더 많이 하는 사람인가요?

가시 돋친 말		사랑 돋는 말
너는 왜 이에 고춧가루가 끼어 있어? 양치질 안 했지? 더러워.		오늘 아침에 많이 바빠서 양치질을 못했구나?
네 목소리는 완전히 모기 소리 같아서 안 들려. 밥도 안 먹었니?		너는 조용히 말해서 참 좋아. 하지만 가끔 잘 들리지 않을 때도 있어.
너는 왜 이렇게 뻥을 쳐? 거짓말이지?		네가 잘못 생각한 거 같아. 다시 한번 잘 생각해 봐.
또 숙제 안 해왔네. 하여간 숙제 안 해오기 대장이야.		나도 게임 좋아해. 그런데 하기 전에 숙제부터 하면 마음이 편하더라.

 **나도 이제 잘 알아요!**

01. 나는 이상하게 양말에 구멍이 잘 나요. 발가락이 삐죽 나왔을 때 친구가 어떻게 말해주면 기분이 나쁘지 않을까요?

02. 내 짝꿍은 깜박하고 잊기를 잘해요. 오늘도 색종이 준비물을 가져오지 않았어요. 친구에게 어떻게 말해줘야 할까요?

핑계대거나 거짓말을 하지 말아요

엄마는 상식이에게 매일 솔직하게 말하라고 해요.

상식이는 무슨 일이 생기면 핑계를 만들어 둘러대기를 잘하거든요. 둘러댈 일이 없으면 거짓말을 하기도 하고요.

엄마는 그렇게 하면 당장은 괜찮은 것 같지만 일이 더 커진다고 했어요. 세상에 핑계 대장이나 거짓말 대장과 친구하고 싶은 사람은 아무도 없대요. 그러고 보니 상식이는 평소에 친구들한테도 자주 둘러대곤 했던 것 같아서 갑자기 후회가 되었어요.

다 남들 때문이라구요!

상식이는 오늘도 늦잠을 자느라 지각을 해서 학교로 헐레벌떡 뛰어가며 선생님께 말할 핑계거리를 열심히 생각했어요. 앗, 그러고 보니 알림장도 안 써와서 엄마께 못 보여드렸는데! 상식이는 자기 잘못이 아닌 것처럼 하기 위해 남탓을 할 만할 핑계를 궁리했어요.

일단 둘러대고 보자!

상식이는 발에 불이 나게 달렸어요. 늦잠을 자서 지각할 지경이거든요. 상식이는 요즘 계속 늦잠을 자요. 아침에 엄마가 깨우면 배가 아프다거나 머리가 아프다고 거짓말을 해요. 그러면서 실랑이를 하다가 꼭 늦게 집에서 나와요.

상식이는 뛰면서 선생님께 혼날 걱정에 뭐라고 핑계를 댈까 열심히 궁리했어요.

"우당탕탕!"

상식이는 급하게 교실로 들어서다가 넘어지고 말았어요. 바닥에 개구리처럼 넓적 엎어지자 아이들이 웃음을 터뜨렸어요. 그러면서도 얼른 일어나 핑계를 댔어요.

"엄마가 아파서 지각했어요. 엄마 약을 사다 드리고 왔거든요."

상식이는 거짓말을 했어요. 거짓말을 한 덕분에 선생님한테 야단을 듣지는 않았어요. 그런데 문제는 수학 시간이었어요.

숙제를 내놓으라는 선생님 말에 상식이는 가슴이 덜컥 내려앉았어요. 어제 알림장 쓰는 시간에 영재와 장난을 치느라고 쓰지 못했거든요. 그런데 영재는 치사하게 혼자서만 알림장을 써갔나 봐요.

"영재가 방해해서 알림장을 못 써갔어요. 그래서 숙제를 못했어요."

"같이 장난쳐놓고 무슨 방해야?"

상식이 말에 영재가 눈을 부릅뜨고 노려봤어요.

솔직하게 말하는 친구가 되는 법을 알아 둬!

우리는 누구나 실수를 하고 살아. 이런 저런 잘못도 하고 살지.

완벽한 사람은 이 세상에 한 명도 없거든.

하지만 실수나 잘못을 하고 난 다음에 나타나는 사람들의 행동은 여러 가지야.

자신의 실수를 인정하고 용서를 비는 사람이 있어. 하지만 변명을 하면서 둘러대거나 거짓말을 하는 사람도 있단다. 그렇게 해서 일단 야단을 맞거나 친구들이 화내는 것을 피해가기도 해.

하지만 거짓말을 하거나 둘러대고 나면 그게 들킬까봐 마음이 조마조마하단다. 그 거짓말을 들키지 않기 위해 또 다시 거짓말을 하게 돼. 둘러댄 것이 사실이라는 것을 보여주기 위해 또 거짓말하게 되는 거야. 자기도 모르게 거짓말 대장, 둘러대기 대장이 되어가는 거야.

하지만 거짓말하고 둘러대거나 핑계를 댄 것은 언젠가는 들통이 난단다. 그럼 친구들은 더 이상 나를 믿지 않고 좋게 생각하지 않아.

누구든 솔직하고 정직한 사람을 좋아해. 친구들 사이에도 그런 사람이 인기가 많아.

그러니까 실수나 잘못을 했을 때 난처하고 야단맞을 상황이 생겨도 있는 그대로 인정하도록 하자. 그러면 주변에서도 나를 이해해 주려고 노력할 거야. 정직하게 말해주었으니 나를 믿어주고 말이야. 그리고 내 마음도 편하겠지?

인기있는 친구 찾기 투표

오늘 우리 반에서 친구들 사이에 가장 인기 있는 아이를 뽑는 투표가 열렸어요. 두 아이의 성격과 특징을 써 둔 표지판을 문 앞에 세워두었답니다. 마음에 드는 친구의 칸에 스티커를 붙이기로 했는데, 그 결과 한 친구에게 스티커가 몽땅 붙었어요! 어떤 친구이길래 그럴까요?

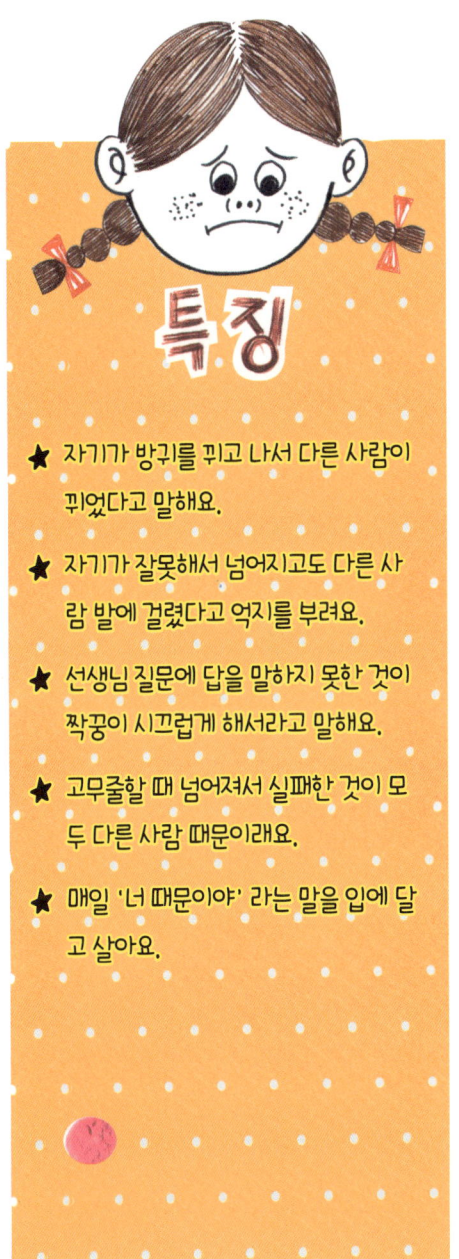

특징
- ★ 자기가 방귀를 뀌고 나서 다른 사람이 뀌었다고 말해요.
- ★ 자기가 잘못해서 넘어지고도 다른 사람 발에 걸렸다고 억지를 부려요.
- ★ 선생님 질문에 답을 말하지 못한 것이 짝꿍이 시끄럽게 해서라고 말해요.
- ★ 고무줄할 때 넘어져서 실패한 것이 모두 다른 사람 때문이래요.
- ★ 매일 '너 때문이야' 라는 말을 입에 달고 살아요.

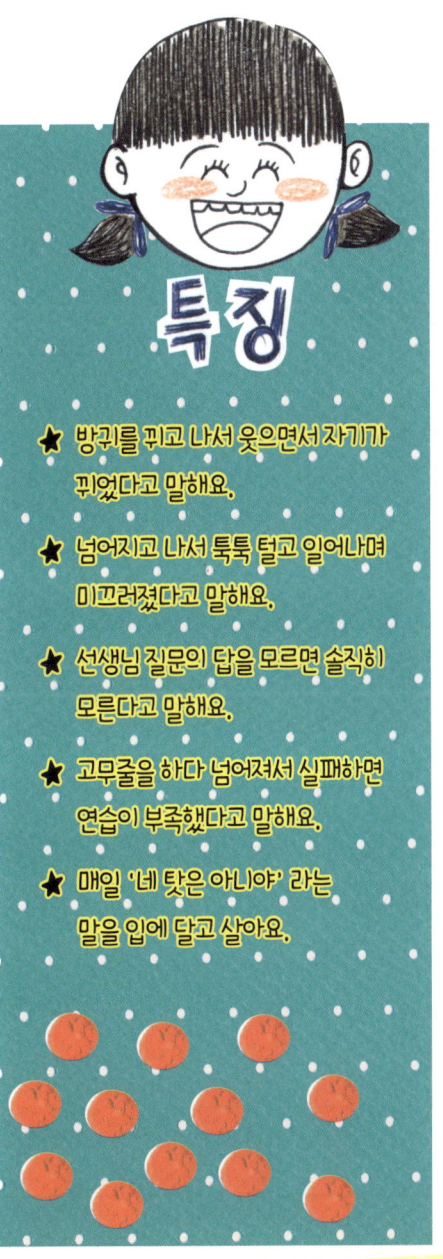

특징
- ★ 방귀를 뀌고 나서 웃으면서 자기가 뀌었다고 말해요.
- ★ 넘어지고 나서 툭툭 털고 일어나며 미끄러졌다고 말해요.
- ★ 선생님 질문의 답을 모르면 솔직히 모른다고 말해요.
- ★ 고무줄을 하다 넘어져서 실패하면 연습이 부족했다고 말해요.
- ★ 매일 '네 탓은 아니야' 라는 말을 입에 달고 살아요.

나도 이제 잘 알아요!

01. 여러분은 평소에 친구들에게 작은 거짓말을 한 적이 있나요? 거짓말을 하고 나면 기분이 어땠나요?

02. 누구나 한번쯤 핑계를 대 봤을 거예요. 어떤 때 둘러대는 말을 했나요?

친구와의 약속을 꼭 지켜야 해요

상식이는 화가 무척 많이 났어요.

오늘 상식이네 집에 모여 모둠 숙제를 하기로 했는데 다섯 명 중에 두 명이나 약속을 지키지 않았거든요. 한 명은 갑자기 친구 생일파티에 가야 한다고 했고, 한 명은 엄마가 빨리 오라고 했대요.

상식이도 원래는 오늘 가족과 외식을 하기로 했었어요. 그런데 모둠 숙제 때문에 취소했거든요. 다른 친구들과 함께 하는 것이니까요.

상식이는 약속을 이렇게 어겨도 되는 건지 이해를 할 수가 없어요.

 ## 약속을 왜 안 지키는 걸까요?

상식이는 약속을 안 지키는 친구가 제일 싫어요. 약속 시간에 말도 없이 늦거나 모둠별 수업에서 각자 챙겨와야 할 준비물을 혼자만 쏙 빼먹고 오는 그런 친구들 말이에요.

안 지킬 거면서 왜 약속을 하는 거야?

"종이컵 다섯 개는 네가 가져오기로 했잖아."

소희가 눈물까지 그렁거리면서 영재에게 따졌어요. 종이컵이 없으면 만들기를 할 수가 없거든요. 모둠별 수업이라서 한 명이라도 맡은 준비물을 가져오지 않으면 친구들 모두가 수업을 망치게 돼요.

"까, 깜빡했어. 가져오려고 빼두었는데 가방에 안 넣었지 뭐야."

영재는 머리를 긁적이며 핑계를 댔어요. 평소에도 영재는 약속을 잘 지키지 않는 걸로 유명해요.

지난 토요일에도 상식이는 영재 때문에 화가 머리끝까지 났어요. 숙제를 하는데 필요한 동화책을 영재가 빌려주겠다고 했어요. 상식이가 먼저 빌려달라는 말도 하지 않았는데 말이에요.

그래서 토요일 저녁 6시에 교문 앞에서 만나기로 했어요. 하지만 영재는 나오지 않았어요. 교문 앞에서 혼자 한 시간을 기다리던 상식이는 다시는 영재 말을 믿지 않기로 결심했어요.

그런데 모둠 수업에 필요한 준비물까지 챙겨오지 않다니요!

'동글동글' 모둠은 다른 모둠에게 겨우겨우 종이컵을 얻었어요. 그래도 한 개가 모자랐어요. 하는 수 없이 인형을 다섯 개 만들어야 하는데 네 개만 만들었어요. 결국 상식이네 모둠은 가장 낮은 점수를 받았고요.

상식이는 영재가 제발 약속을 잘 지키면 좋겠다는 생각을 했어요.

약속을 잘 지키는 친구가 되는 법을 알아 둬!

약속을 했으면 꼭 지켜야 해. 아무리 사소한 약속이라도 말이야.

그런데 별로 중요한 약속이 아니라면서 어기는 아이들이 종종 있어. 깜박 잊었다는 아이들도 있고 말이야.

하지만 세상에 별로 중요하지 않은 약속이란 없단다.

만약 한 사람이 약속을 어겼지만 다른 한 사람은 그 약속을 지켰다면 어떻게 되겠니? 추운 겨울에 밖에서 만나기로 했는데 한 사람이 나오지 않아 다른 사람은 밖에서 몇 시간이고 기다렸다면?

기다렸던 사람은 귀중한 시간을 낭비한 거야. 기분도 아주 나쁘겠지. 약속을 어긴 사람을 다시는 만나지 않을 결심을 했을지도 몰라.

선생님이 아는 어떤 아이는 준비물을 준비하지 않았다고 친구에게 빌렸대. 꼭 갚기로 하고 말이야. 작지만 돈을 빌린 적도 있어. 그것도 꼭 갚기로 약속했어.

하지만 그 약속을 지키지 않았단다. 약속을 어기는 것을 별로 부끄럽게 생각하지도 않아. 이미 약속을 어기는 일이 습관이 된 거지.

누구나 그런 사람과 친하게 지내고 싶어 하지 않을 거야. 실제로 약속을 습관처럼 어기는 사람들은 친구 없이 외톨이인 경우가 많단다.

약속을 지키는 것은 나의 진짜 모습을 친구에게 보여줄 수 있는 일이란다. 약속을 잘 지키는 것을 꼭 명심하도록 하자!

약속 잘 지키는 특급 비법

누군가와 약속을 한다는 것은 자신에게 아주 큰 책임이 생기는 일이에요. 친구가 나를 평가하는 기회가 되기도 하지요. 약속을 어기지 않는 친구가 되기 위해서 어떤 비법들이 있는지 잘 살펴보고 실천해 보아요.

★ 시간 약속을 할 땐 조금 여유 있게 약속 시간을 정하는 게 좋아요.
만약 차를 타고 가는 장소에서 만나기로 했으면 차가 밀리는 시간까지 계산해야 해요.

★ 지킬 수 있는 약속인지 생각하고 해야 해요.
내일 학원에 가야 하는데 친구가 놀자고 해요.
놀고 싶은 마음에 덜컥 약속을 하면 안 되지요. 그것은 지킬 수 없는 약속이에요.

★ 약속을 지킬 수 없다면 미리 알려야 해요.
그렇지 않으면 약속을 한 사람은 계속 기다려야 해요.

★ 약속을 지키는 습관을 들이는 게 가장 중요해요.
약속은 평소에 잘 지키지 않는 사람이 꼭 어겨요. 무슨 일이 있어도 약속을 지키는 사람은 그게 몸에 배어있어서 믿음직한 친구가 되지요.

 **나도 이제 잘 알아요!**

01. 놀이터에서 친구와 만나기로 약속했어요. 그런데 아침 일찍 엄마와 멀리 있는 할머니 댁에 갔다가 오후 1시에 집에 도착할 거래요. 이럴 때 약속 시간을 얼마만큼 계산해서 잡으면 좋을지 생각해 보아요.

02. 친구 생일파티에 가기로 했는데 약속을 지키지 못할 거 같아요. 이 사실을 알면 친구가 아주 실망할 거예요. 어떻게 말하면 좋을까요?

친구를 무조건 이르는 건 좋지 않아요

상식이는 오늘 선생님한테 야단을 맞았어요.

영재가 당근을 골라내는 걸 선생님께 일렀거든요. 그런데 선생님은 도리어 상식이를 야단쳤어요. 상식이는 잘못한 영재가 야단을 맞아야지 왜 자신이 야단 맞는지 도무지 모르겠어요.

선생님은 상식이가 오늘 열세 번이나 아이들의 행동을 선생님에게 일러바쳤다고 했어요. 그러면서 선생님은 선생님에게 꼭 말할 것과 말하지 않아도 될 것에 대해 이야기해 주었어요.

잘못한 걸 이르는 게 나쁜가요?

상식이는 정의의 사도가 된 것 같은 느낌이에요. 반 아이들이 잘못하는 일이 생기면 곧바로 선생님께 달려가서 알려주거든요. 잘못한 걸 이르는 건데 선생님은 오히려 상식이에게 뭐라고 하시는 거 있죠?

선생님! 애가 손가락을 입에 넣어요.

선생님! 줄 서는데 얘가 뒤에서 밀었어요!

내가 고자질쟁이라고?

아이들이 서로 상식이 옆에 서지 않으려고 했어요.

"상식이는 고자질쟁이야."

"맞아. 등만 살짝 건드려도 밀었다고 선생님께 고자질해."

"지난번에는 내가 배가 아파서 밥을 한 숟가락 남겼거든. 그랬더니 그걸 선생님께 일러바쳤어."

"오줌 눌 때 내 오줌이 자기 바지에 한 방울 튀었다고 이르기도 했어."

아이들은 숨도 쉬지 않고 말했어요.

상식이는 그게 모두 다 사실인데 잘못한 게 뭐가 있다고 저러는지 도무지 알 수가 없었어요.

"흥. 옆에 서기 싫으면 서지 마."

상식이는 콧방귀를 뀌었어요.

"선생님!"

그때 영재가 손을 번쩍 들었어요.

"상식이가 흥! 하는 바람에 더럽게 코딱지가 튀어나왔어요."

"상식이가 앞을 보고 서지 않아서 뒷줄이 비뚤어져요."

"상식이는 오늘 급식 당번인데 손톱 밑에 때가 끼었어요."

아이들이 앞 다퉈 말했어요.

상식이는 속이 부글부글 끓었어요. 기분도 나빠졌어요.

"이것 봐, 상식아. 너도 친구들이 하나하나 다 이르니까 싫지? 친구들도 그랬을 거야."

선생님이 상식이를 바라보며 말했어요. 상식이는 고개를 숙이고 생각했어요. 여태까지 상식이가 손을 번쩍번쩍 들고 선생님께 일렀을 때 친구들도 이렇게 기분이 나빴을 거예요.

고자질쟁이 친구가 되지 않는 법을 알아둬!

무슨 일이 생기면 어른에게 말하지?

어른에게 말하는 걸 모두 이르는 거라고 말하지는 않아. 어른에게 알려야 하는 일과 그렇지 않은 일이 있어.

꼭 알려도 되지 않는 일을 모두 다 말하는 행동을 이른다고 해. 무슨 일이 일어나면 무조건 이르기부터 하는 습관은 좋지 않아.

학교에서 하루에도 몇 번씩 선생님에게 달려가서

"~~가 이랬어요."

"~~가 저랬어요."

이러면서 이르는 아이가 있지?

밥을 남긴다고 이르고, 가위를 안 가지고 왔다고 이르고, 필통을 건드렸다고 이르고, 밥풀을 흘렸다고 이르고. 이렇게 이르기 좋아하는 친구를 누가 좋아하겠니?

그럼 어떤 일을 말해야 이르는 게 아니냐고?

친구가 위험한 일을 할 때는 빨리 선생님에게 알려야 해. 가위나 칼을 갖고 장난을 한다든지, 창틀과 같은 높은 곳에 올라간다든지, 또는 함께 쓰는 물건을 계속 혼자 갖고 주지 않는다든지, 친구들이 싸운다거나 할 때는 선생님께 말해야겠지. 그런 것을 알리는 것은 이른다고 말하지 않아.

어른에게 말해야 할 것과 하지 말아야 할 것을 잘 구별하면 친구들과도 사이좋게 지낼 수 있어.

이르기 대장 고치기 대작전!

우리 반 이르기 대장인 상식이 고치기 대작전이 펼쳐졌어요. 상식이가 이르는 것을 고치게 하기 위해 선생님과 친구들이 머리를 모아 의견을 내놓았어요.

★ 친구의 행동을 선생님에게 이르고 싶을 때는 어떻게 할까요?

1. 잠깐 입을 꼭 다물어요.
2. 친구가 정말 잘못을 한 건지 생각해요.
3. 친구가 한 행동이 조금 잘못되었다고 해도 꼭 선생님께 말해야 하는 건지 스스로 생각해 보아요.

★ 이르기 대장 상식이에게 꼭 하고 싶은 말이 있어요!

1. 내가 하는 행동을 모두 선생님이 아셔야 하는 거는 아니야.
2. 이르고 싶을 때 마음속으로 잠깐!을 외치는 습관을 들여 봐.
3. 우리가 스스로 해결할 수 있는 일들도 많아.

이르기 대장이래요~ 놀지말자!

 **나도 이제 잘 알아요!**

01. 친구를 이른 것 때문에 선생님께 야단맞은 적이 있나요? 무엇 때문에 친구를 이르게 되었나요?

02. 다른 사람의 잘못을 무조건 이르는 것은 왜 나쁠까요?

맛있는 건 친구와 나눠먹어요 13

상식이는 먹는 것을 그렇게 좋아하지는 않아요.

하지만 영재가 먹을 것을 다른 친구들에게만 나눠줄 때는 기분이 좋지 않아요.

오늘도 그래요. 사실 고구마 튀김은 상식이가 싫어하는 음식이에요. 그런데 그걸 상식이만 쏙 빼고 나눠줬을 때 상식이는 눈물이 나올 뻔했어요.

먹을 것을 갖고 오면 조금씩이라도 골고루 나눠주었으면 좋겠어요. 모두가 나눠 먹으면 즐겁잖아요.

치사하게 먹을 걸로 슬프게 해요

오늘도 영재는 주머니에서 알록달록한 사탕을 꺼내더니 아이들에게 나눠주었어요. 상식이 것만 쏙 빼고 말이에요! 영재는 사실 평소에 자기 먹을 것을 친구들에게 잘 나눠주는 편도 아니에요. 영재는 욕심쟁이에요.

혼자 먹는 것보다 나눠 먹는 게 더 맛있어

"나는 그런 거 싫어하거든. 이빨 썩거든."

상식이는 화가 나서 말했어요. 하지만 눈물이 나오려고 했어요. 영재가 사탕을 상식이만 빼놓고 다른 아이들에게 나눠준 거예요.

"누가 준대?"

영재는 혀를 쏙 내밀고 약을 올리기까지 했어요. 상식이는 너무 약이 올라서 어쩔 줄 몰랐어요.

누가 거지처럼 그깟 사탕 얻어먹고 싶다고 했느냐고요! 상식이는 두 주먹을 불끈 쥐고 영재를 노려봤어요. 사탕을 입에 넣은 아이들이 서로 눈치를 봤어요. 상식이에게 미안해서인지 사탕을 빨아먹지도 못하고 깨먹지도 못하고 입에 물고만 있었어요.

"영재야. 상식이한테도 사탕 줘."

소희가 말했어요.

"그래, 모두 같이 먹어야 맛있게 먹을 수 있지."

누군가 소희 말에 맞장구쳤어요. 영재는 그제야 사탕 한 알을 상식이 앞으로 내밀었어요.

흥! 그렇다고 덥석 받을 상식이가 아니에요.

"먹어."

그러자 옆에서 소희가 영재가 내민 사탕을 까서 상식이 입에 넣어주었어요. 달콤한 사탕 맛이 입 안 가득 퍼졌어요.

그제서야 아이들은 웃으면서 와사삭 와사삭 사탕을 깨먹었어요.

먹을 것을 나누는 친구가 되는 법을 알아 둬!

요즘은 다양한 먹거리가 넘쳐 나. 먹기 싫어서 먹지 않는 거지 없어서 못 먹는 사람은 거의 없어.

그런데 왜 음식을 나눠 먹으라고 할까?

사람은 이웃, 친구와 어울려 살아. 음식을 나눠 먹는 것도 어울려 사는 하나의 방법이란다. 음식에 사랑과 정을 담아내는 거야. 마음을 나누는 거지.

혼자 먹을 것도 부족한 옛날엔 적은 음식이라도 다른 사람들과 나눠먹는 풍습이 있었어. '콩 한 쪽도 나눠 먹는다'라는 속담도 있듯이 말이야. 콩 한 쪽은 정말 적은 음식이야. 혼자 먹어도 먹은 듯 먹지 않은 듯 부족한 양이지.

하지만 그걸 함께 나눠먹으면 모두 기분이 좋고 행복하니까 그랬던 거야.

내가 별로 좋아하지 않는 음식이라도 상대방이 나를 생각하고 준다면 고마운 마음이 생기잖아.

반대로 그 음식을 좋아하지는 않지만 나눠먹지 않고 혼자만 먹는다면 그 사람이 싫어질 거야. 욕심쟁이처럼 보이기도 해.

마음을 담아 나누는 아이가 친구도 많은 멋진 아이가 될 수 있는 거야.

응답하라! 우리 동네

요즘처럼 아파트가 아니라 한 마을에 여러 집들이 옹기종기 모여 살던 옛날에는 마을에 정이 있었어요. 각자 사는 것이 아니라 모두가 가족 같았지요. 조그마한 먹을 것도 이웃끼리 나눠먹었답니다.

아버지 생신인데 아침 드시러 오시래요.

새로 이사 왔습니다. 이사 떡이에요.

오늘 비가 와서 부침개를 부쳤어요. 드셔 보세요.

우리 아기 백일 떡인데 드셔 보세요.

우리 집 감나무에서 땄는데 함께 드실래요?

85

나도 이제 잘 알아요!

01. 여러분은 어떤 때 친구와 음식을 나눠 먹고 싶나요?

02. 친구가 먹을 것을 안 줘서 섭섭한 마음이 들었던 적이 있었나요? 반대로 나는 먹을 것을 친구들과 나눠 먹은 적이 있나요?

03. 음식을 친구들과 나눠먹으면 어떤 점이 좋을까요?

내 말만 하지 말고 친구 말도 들어줘요

선생님이 오늘은 모두의 짝꿍을 바꿔준다고 했어요.

상식이의 새 짝꿍은 유나가 되었어요. 상식이는 한숨부터 나왔어요.

유나는 남의 말 가로막기 대장이거든요. 거기에다 자기 말만 맞다고 고집을 부리기도 해요. 친구와 대화를 할 때는 상대방의 말도 들어주는 게 좋은 거 아닌가요? 상식이는 제발 유나가 자기만 말하려고 하는 나쁜 습관을 버렸으면 좋겠어요.

유나는 자기 말만 해요

새로운 짝꿍이 된 유나는 역시나 말이 안 통해요. 상식이가 무슨 말만 하면 자기 말이 맞다고 하거나 상식이의 말을 중간에 끊고 자기 말만 하거든요. 얼른 다시 짝꿍이 바뀌었으면 좋겠어요.

짝꿍 좀 바꿔줘!

"그래서 우리 아빠는 일요일에 낮잠을……."

"상식이 너희 아빠는 일요일에 낮잠만 자니? 그럼 너는 심심하겠다. 우리 아빠는 놀러도 가고 외식도 가자고 하는데."

유나는 상식이의 말을 싹둑 자르더니 말했어요. 상식이는 일요일에 아빠가 낮잠만 잔다는 말을 하려던 것이 아니었어요. 상식이가 낮잠을 자면 아빠가 상식이에게 낮잠을 자지 말라고 말린다는 말을 하려고 했던 거예요.

"우리도 지난 일요일에 외식했어. 중국집……."

"에이, 중국집은 맛없어. 외식은 패밀리 레스토랑이 최고야. 나는 자장면은 딱 질색이거든."

상식이는 짜증이 밀려왔어요. 상식이는 자장면이 세상에서 제일 맛있거든요. 상식이 말을 중간에 자른 유나는 패밀리 레스토랑에 있는 음식 이름들을 줄줄줄 말했어요. 그리고 그 음식이 어떤 맛인지도 말했어요. 말만 들어도 상식이는 속이 느끼했어요.

유나는 수업시간에도 마찬가지예요.

누가 발표를 하면 중간에 끼어들어 자기 생각을 말했어요. 그리고 말하는 사람이 잘못 생각하는 거라는 말도 했어요.

상식이는 정말 유나 같은 아이는 딱 질색이에요. 빨리 짝꿍을 바꿔달라고 선생님을 조르고 싶었어요.

남의 말을 잘 듣는 친구가 되는 법을 알아둬!

말을 잘하는 것은 중요해. 사람은 말을 통해 자신의 생각을 전달하거든.

하지만 말을 많이 하는 게 말을 잘 하는 것은 아니야. 그런데도 남의 말을 듣지 않고 무조건 자기 말만 많이 하려고 하는 사람들이 있어.

말을 잘하는 것에는 남의 말을 잘 들어주는 것도 있어. 남의 말을 귀 기울여 들어야 대화가 잘 통해서 나도 말을 잘 할 수 있거든. 내가 말을 하는데 상대방이 내 말을 잘 듣지도 않고 중간에 자르면 어떻겠니? 그리고 자기가 할 말만 마구 한다면 정말 기분이 나쁘겠지?

서로 자기 말만 하다보면 상대방이 무슨 말을 하는지 듣지 못해. 그럼 대화를 할 수 없게 되는 거지.

유나처럼 자기 말만 하려는 아이와는 누구도 친구하기 싫을 거야.

또 내가 하는 말을 끝까지 듣지 않고 중간에 '그 말은 틀렸어.' 이렇게 말한다면 그때도 기분이 나쁠 거야. 그런 아이와도 대화하고 싶지 않겠지.

반대로 내가 말을 할 때 고개를 끄덕이면서 끝까지 들어주는 사람은 어떨까? 당연히 친구하고 싶어질 거야.

누구나 내 말을 잘 들어주는 사람을 좋아해. 그런 사람에게는 고민도 말하고 싶고 비밀도 말하고 싶어진단다. 정말 친한 친구 사이가 될 수 있는 거야.

친구와 이야기를 할 때는 내 말만 맞다고 고집부리지 말고 친구가 하는 이야기를 천천히 끝까지 다 들어준 다음에 내 생각도 차분하게 이야기하도록 하자.

친구 말을 들을 때의 뇌 구조 살펴보기!

친구와 대화를 잘 하려면 친구가 하는 말을 잘 들어야 해요. 아무 생각 없이 듣기만 하는 것이 아니라 듣고 이해하기 위해서 잘 생각해야 해요. 여러분도 친구 말을 들을 때 아래와 같은 생각들을 하며 듣도록 해 보아요.

나도 이제 잘 알아요!

01. 신 나게 말하는데 친구가 중간에 자꾸 끼어들어 딴 말을 해요. 그때 내 기분은 어떨 것 같나요?

02. 나는 친구가 말할 때 중간에 끼어들거나 내가 하고 싶은 말만 한 적이 있나요?

친구와 놀 때
질서를 지키고 양보도 해요

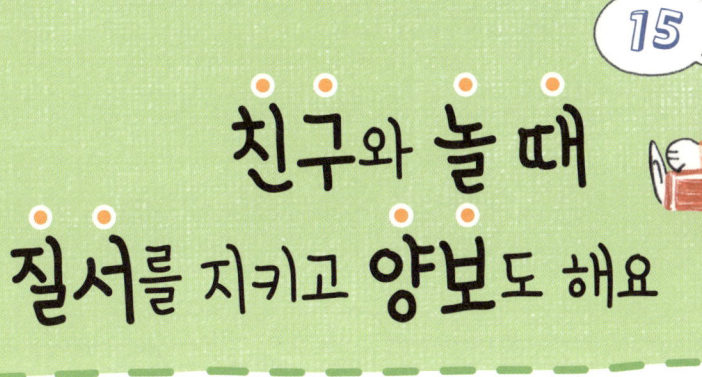

상식이는 놀이터에서 놀 때 종종 화가 나요. 질서를 잘 지키지 않는 아이들 때문이에요. 친한 척하면서 새치기해서 놀이기구를 타는 아이들이 많거든요.

학교에서도 마찬가지예요. 쉬는 시간에 교실에서 풍선 살리기 게임을 할 때도 자기만 풍선을 치려고 하는 아이가 있어요. 다른 아이들에게는 풍선을 주지 않으면서요. 상식이는 그런 아이는 자기 밖에 모르는 좋지 않은 아이라고 생각되었어요.

 ## 친구들과 놀이터에 놀러갔어요

학교가 끝나고 친구들과 놀이터에 간 상식이는 미끄럼틀을 타려고 줄을 섰어요. 드디어 상식이의 차례가 됐는데 갑자기! 뒤에 서 있던 영재가 새치기를 하더니 먼저 휙 타고 내려가 버렸어요. 영재는 항상 이런 식이라니까요!

다들 먼저 하고 싶다구!

상식이는 미끄럼틀에서 그렇게 새치기하고는 정글짐 앞에서 또 새치기한 영재를 확 밀어버렸어요.

"아야, 왜 밀고 난리야?"

영재는 도리어 화를 냈어요.

"너는 왜 매일 새치기하고 그래?"

"빨리 타고 싶어서 그런다, 왜?"

영재는 미안하다고 말하기는커녕 큰소리를 쳤어요.

영재는 놀이기구를 탈 때뿐 아니라 풍선놀이를 할 때도 자기가 풍선을 더 많이 갖고 놀겠다고 해요. 공놀이를 할 때도 공을 다른 사람에게 주지 않으려고 하고요.

양보라고는 눈곱만큼도 없는 아이예요.

상식이도 놀이기구를 빨리 타고 싶기는 마찬가지예요. 하지만 차례대로 질서를 지켜야 하기 때문에 줄을 서는 거예요. 세상에 줄을 서서 기다리는 게 좋은 사람이 어디 있겠어요?

"너는 너 밖에 모르니까 친구가 없는 거야!"

상식이는 영재 뒤통수에 대고 소리를 빽 질렀어요. 영재 때문에 즐거웠던 놀이터가 엉망이 되어 버렸지 뭐예요.

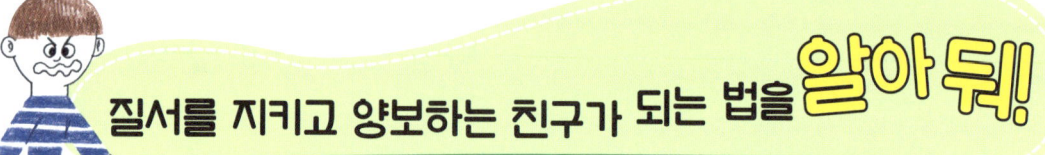

질서를 지키고 양보하는 친구가 되는 법을 알아 둬!

친구끼리 놀 때에는 질서가 필요해.

질서가 왜 필요하냐고? 질서는 안전을 위해서 지켜야 해. 또 질서를 지키면서 서로 배려하는 마음을 키울 수도 있는 거란다.

그런데 질서 지키는 것을 귀찮게 생각하는 사람들이 있어. 질서를 지키지 않아도 뭐 어때, 하고 생각하는 사람들이 있지. 아주 잠깐 동안인데도 그걸 참지 못해 다른 사람의 기분을 상하게 만들어.

예를 들어 놀이기구를 탈 때 오랫동안 타고 싶어도 뒤에서 기다리는 사람을 위해 한번 탔으면 당연히 비켜줘야 해. 그런데 남이야 기다리든 말든 혼자만 오랫동안 타는 친구도 있단다.

또 친구에게 배려하고 양보해야 할 일도 있어.

비가 내리는 날, 우산을 갖고 오지 않은 친구가 있다고 하자. 그 친구가 마침 감기에 걸렸어.

어떻게 하면 좋겠니? 당연히 함께 우산을 쓰고 가는 게 좋겠지? 우산이 작다면 내가 비를 조금 맞더라도 그 친구 쪽으로 우산을 기울여주는 거야. 비를 맞으면 감기가 더 심해질 수 있으니까.

이렇게 질서를 잘 지키고 양보를 잘하는 사람 옆에는 친구가 많아. 친구들 모두 기분 좋게 놀 수 있고 말이야.

모두가 행복해지는 질서 지키기와 양보하기

어디서 소란스러운 소리가 들려와요. 친구들끼리 질서를 지키지 않고 양보하지 않는 바람에 벌어진 일들이에요. 친구들과 생활하면서 질서를 지키지 않고 양보하지 않으면 어떤 일들이 벌어지고, 또 어떻게 바꿔야 모두 행복해지는지 알아보아요.

여러 사람이 좁은 계단으로 내려갈 때 서로 먼저 내려가겠다고 하면 한 명도 내려오지 못해요. 줄을 서서 질서를 지키면 빠르게 계단을 내려올 수 있어요.

좁은 다리를 건너야 하는데 서로 먼저 건너겠다고 다투다가 물에 빠질 수도 있어요. 한 명이 살짝 비켜주고 다른 사람이 먼저 건너가도록 양보해주면 안전하게 건널 수 있어요.

★ 양보하는 말 ★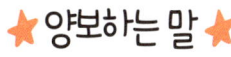

1. 네가 먼저 타.
2. 먼저 먹어.
3. 나는 다른 장난감도 많아. 너 가져.
4. 네가 먼저 읽고 나서 읽어도 괜찮아.
5. 나는 조금 늦게 해도 괜찮아. 너 먼저 해.

연극을 할 때 마음에 드는 옷을 서로 입겠다고 다투면 역할이 엉망진창이 되어요. 마음에 들지 않아도 역할에 맞는 옷을 입으면 재미있는 연극을 할 수 있어요.

 **나도 이제 잘 알아요!**

01. 질서를 지키지 않는 친구들을 본 적이 있나요? 여러분이 보기에 어땠나요?

02. 다리를 다친 친구와 함께 학교에 갔어요. 학교에서 친구를 배려하기 위해 내가 양보할 만한 일에는 무엇이 있을지 생각해 보세요.

친구에게 고마움을 표현할 줄 알아야 해요 16

상식이는 선생님이 시키는 대로 친구 챙기기를 잘하려고 노력해요. 영재가 준비물을 가져오지 않으면 나눠주고 유나가 청소하는 걸 도와주기도 해요. 그런데 가만히 생각해 보니 왠지 슬쩍 화가 나는 거 있죠. 영재와 유나는 상식이를 도와주기는커녕 고맙다는 말도 잘 하지 않거든요. 고맙다고 말해주면 도와준 상식이의 기분도 좋을 텐데 말이에요.

 **도와주기는 하지만 왠지 속상해요**

상식이는 선생님께 친구들을 잘 도와주라고 배웠어요. 그래서 준비물도 빌려주고 무거운 가방을 들어주기도 하는데 친구들은 고맙지 않은가 봐요. 점점 도와주기 싫어져요.

고마운 줄도 모르다니!

"싫어, 안 빌려줄 테야."

상식이는 유나에게 줬던 색종이를 다시 뺏어버렸어요. 생각할수록 화가 나지 뭐예요. 왜 매일 상식이만 빌려주고 도와줘야 하는 거냐고요. 유나는 전혀 고마운 티도 내지 않는데 말이에요.

"상식아. 너는 색종이 많이 갖고 왔잖니? 좀 빌려 줘라."

선생님이 한 마디 했어요.

"싫어요. 그래봤자 유나는 고마운 줄도 몰라요. 색종이만 아깝다고요."

솔직히 색종이를 빌려줘도 유나는 갚지 않을 게 뻔해요. 그러니까 빌려주는 것이 아니라 그냥 주는 거예요.

"유나가 고맙게 생각하지 않는다고?"

선생님이 물었어요.

"네, 고맙다는 말도 안해요. 당연하다고 생각해요."

"유나야, 상식이가 도와주고 뭐를 빌려주면 고마운 생각이 안 드니?"

선생님이 유나에게 물었어요.

"당연히 고맙지요."

영재가 냉큼 끼어들었어요. 유나도 고개를 끄덕였어요.

"쑥스러워서 말은 하지 않아도 고마워요. 그래서 저도 언젠가는 상식이 은혜를 갚으려고 생각중이에요."

"유나야, 고마운 마음이 들면 바로 고맙다는 표현을 해야 해. 그래야 친구가 네 마음을 알 수 있는 거란다."

선생님이 말했어요.

고마움을 표현하는 친구가 되는 법을 알아 둬!

누구나 다른 사람의 도움을 받아봤을 거예요.

그럴 때 어떻게 했나요?

도움을 받았다면 고맙다는 표현을 해야 해요. 고맙다고 직접 말을 하거나 웃어 보일 수도 있어요.

하지만 성격에 따라 고맙다는 말을 잘하지 못하는 사람이 있어요. 마음으로는 고마움을 느끼면서도 말이에요. 밖으로 마음을 표현하는 게 왠지 쑥스럽기도 하거든요. 그리고 굳이 말을 하지 않아도 상대방이 내가 고마워하는 거를 알 거라고 생각하지요.

하지만 상대방이 내 마음 속을 들여다 볼 수는 없어요. 저 사람이 나에게 고마워하고 있는지 아닌지는 직접 말을 해야 알 수 있어요.

그러니까 마음을 밖으로 표현하는 것이 중요해요. 그렇게 되면 상대방의 마음을 잘 알게 되니까 사이도 좋아지겠죠?

서로서로 더 도울 것이 없는지 하는 예쁜 고민도 하게 될 거예요.

물론 고맙다는 말을 듣기 위해 모두가 남을 돕는 것은 아니에요. 그렇지 않더라도 도움을 받은 친구가 고맙다고 말을 하거나 사탕 하나를 살짝 손에 쥐어준다면 하늘을 날아갈 것처럼 기분이 좋아질 거예요.

친구에게 도움을 줄 때마다 고맙다는 말을 들으면 행복 저금통 안에 행복 동전이 차곡차곡 쌓인대요. 서로 어떤 일을 했을 때 고맙다는 말을 듣고 또 할 수 있을까요? 행복 저금통이 꽉 찰 만큼 친구에게 좋은 일을 해 보아요.

행복 저금통

- 친구에게 준비물을 빌려줬어요.
- 친구에게 수학문제 푸는 방법을 알려줬어요.
- 팔이 아픈 친구 대신 청소를 했어요.
- 친구가 무거운 것을 들고 가는데 함께 들어주었어요.
- 짝꿍이 발이 아프다고 해서 대신 급식을 받아다 주었어요.

나도 이제 잘 알아요!

01. 친구를 도와주고 난 다음에 어떤 대답을 들었나요? 친구의 반응이 어떨 때 내 기분이 좋아졌나요?

02. 여러분은 친구에게 도움을 받았을 때 그 고마움을 어떻게 표현했나요?

아이의 인성을 키우는 생활예절 교실 시리즈

어디에서나 사랑받고 또 사랑주는 아이로 자라나기 위한 초등 저학년 교양 필독서!
가장 상식적이고 기초적인 일상생활 속 기본 교양을 담았다

행복하고 인성이 바른 아이로 키우는, 누군가는 꼭 알려주어야 할
인성, 가치관, 관계의 기본!

재미있는 만화와 스토리텔링, 알찬 정보와 직접 생각하고 써 보는 문제까지!
한 권으로 우리 아이의 올바른 인성과 가치관, 예절, 사회성을 키운다

아이의 인성을 키우는 생활예절 교실 01

생활 속 바른 언어 습관 깨우치기
언어 예절, 이것만은 알아 둬!

박현숙 지음 | 안경희 그림 | 112면 | 값 11,000원

"때와 장소에 맞는 올바른 언어 예절 익히기!"

초등 저학년 아이들의 일상생활 속에서 꼭 알아두어야 할 언어 예절에 대해 재미있고 쉽게 풀어낸 책이다. 인사말, 대화법, 호칭까지 가장 기본적이지만 제대로 배울 기회가 적었던 정보들을 한데 묶어 올바른 언어 예절과 함께 아이의 인성까지 길러준다. 아이들에게 흔히 일어나는 에피소드들을 통해 스스로 사고하며 실천해 볼 수 있도록 길을 잡아주어 지루할 틈이 없다.

아이의 인성을 키우는 생활예절 교실 02

생활 속 공공장소 예절 깨우치기
공공장소 예절, 이것만은 알아 둬!

박현숙 지음 | 박연옥 그림 | 112면 | 값 11,000원

"공공장소에서 꼭 필요한 올바른 행동예절 익히기!"

초등 저학년 아이들의 일상생활 속에서 꼭 알아두어야 할 공공장소 예절에 대해 재미있고 쉽게 풀어낸 책이다. 여러 사람과 함께 사용하는 도서관, 영화관, 대중교통 등의 장소에서 질서와 예절을 알려주는 정보를 재미있는 에피소드로 구성했다. 공공장소에서의 올바른 행동예절을 통해 아이의 바른 인성도 함께 길러주는 책이다.

아이의 인성을 키우는 생활예절 교실 시리즈

아이의 인성을 키우는 생활예절 교실 03

생활 속 식사 습관과 예절 깨우치기
식사 예절, 이것만은 알아 둬!

박현숙 지음 | 안경희 그림 | 112면 | 값 11,000원

"건강한 아이로 자라나는 올바른 식사 예절 익히기!"

초등 저학년 아이들의 일상생활 속에서 꼭 알아두어야 할 식사 예절에 대해 재미있고 쉽게 풀어낸 책이다. 올바른 식탁 차림에서부터 어른과의 식사 예절, 아이의 건강을 책임질 사소한 식습관까지 재미있는 글과 만화를 통해 꼼꼼하게 챙겨준다. 식습관과 식사 예절을 알아보며 아이의 바른 인성도 함께 길러주는 책이다.

아이의 인성을 키우는 생활예절 교실 04

생활 속 안전 습관 깨우치기
안전 습관, 이것만은 알아 둬!

박현숙 지음 | 박연옥 그림 | 112면 | 값 11,000원

"아이의 안전하고 행복한 생활을 위한 올바른 안전 습관 익히기!"

초등 저학년 아이들의 일상생활 속에서 꼭 알아두어야 할 안전 습관에 대해 재미있고 쉽게 풀어낸 책이다. 질병 예방법과 물건 안전하게 다루는 법, 도로와 차를 조심하는 법, 낯설고 이상한 사람으로부터 자신을 지켜내는 법 등 아이를 위험에서 지켜줄 필수 안전 수칙들을 담았다. 자칫 놓치기 쉬운 일상 속 사소한 안전 습관을 알아보며 아이의 바른 인성도 함께 길러주는 책이다.

아이의 인성을 키우는 생활예절 교실 05

생활 속 행복한 친구 관계 맺는 법 깨우치기
친구 관계, 이것만은 알아 둬!

박현숙 지음 | 박연옥 그림 | 112면 | 값 11,000원

"행복한 친구 관계를 위한 올바른 행동 예절 익히기!"

초등 저학년 아이들의 일상생활 속에서 꼭 알아두어야 할 친구 관계 예절에 대해 재미있고 쉽게 풀어낸 책이다. 친구를 양보하고 배려하는 법, 고운 말 쓰기, 친구를 칭찬하는 법, 친구를 따돌리지 않는 법 등 아이의 행복한 친구 관계를 위한 행동과 마음 예절들을 담았다. 친구 사이에서 놓치기 쉬운 관계 맺음법을 점검하고 바로잡으며 아이의 바른 인성도 함께 길러주는 책이다.